本研究得到教育部社科重大课题攻关项目
"中华优秀传统文化在语文教材中的传承研究与数据库建设"
(20JZD049) 的资助

百年魂歸

儒学扎根与经典育人

祝安顺 著

齐鲁书社
·济南·

图书在版编目（CIP）数据

百年魂归：儒学扎根与经典育人/祝安顺著.
济南：齐鲁书社，2025.7. -- ISBN 978-7-5333-5298-1

Ⅰ.B222.05

中国国家版本馆CIP数据核字第2025FM9654号

责任编辑　许允龙
　　　　　徐柳琪
装帧设计　亓旭欣

百年魂归：儒学扎根与经典育人
BAINIAN HUNGUI RUXUE ZHAGEN YU JINGDIAN YUREN
祝安顺　著

主管单位	山东出版传媒股份有限公司
出版发行	齊魯書社
社　　址	济南市市中区舜耕路517号
邮　　编	250003
网　　址	www.qlss.cn
电子邮箱	qilupress@126.com
营销中心	（0531）82098521　82098519　82098517
印　　刷	山东新华印务有限公司
开　　本	880mm×1230mm　1/32
印　　张	10
插　　页	2
字　　数	168千
版　　次	2025年7月第1版
印　　次	2025年7月第1次印刷
标准书号	ISBN 978-7-5333-5298-1
定　　价	58.00元

序

我和安顺结识，迄今已经有15年了。15年来，我们在传统文化教育领域相互支持，共同合作，一起做了不少工作，也结下了深厚的情谊。安顺裒辑他近年来的学术论文，加以修订与调整，又增补了若干新的内容，即将以《百年魂归：儒学扎根与经典育人》为名由齐鲁书社出版，索序于我。我乐为之序。

2010年9月29日，安顺在我的博士生罗容海的陪同下来访，这是我们的第一次见面。安顺那时是中华书局经典教育推广中心（后改为研究中心）的主任，记得那天他送了我许多他们中心出版的图书，我们聊了各自的工作，尤其是在有关传统文化教育的意见方面，许多看法都很一致，所以我们颇为投契，相见甚欢。从那以后，我们的联系就多了起来。不久，我在北师大也申请成立了北京师范大学国学经典教育中心，我们之间的合作也就便利了许多。我参加过多次安顺发起的活动，安顺也参加了好几次我组织的会议。承他的盛意，拙作《蒙学读物的历史透视》一书，在湖北教育出版社1996年出版18年后，被他纳入书局出版计划，并改名《中华蒙学读物通论》于2014年10月由中华书局出版。

安顺精力旺盛，做事干练，组织能力很强。从2015年开始，他以中华书局经典教育研究中心为平台，开展了一年一度的中华优秀传统文化教育年度人物评选活动，其中包括教学人物、教研人物、管理人物、优秀组织单位和卓越贡献人物五种类型，旨在通过表彰全国范围内致力于中华优秀传统文化教育的典型人物，来推动传统文化教育的开展。他担任年度人物评选组委会秘书长，我则被聘为副主任委员之一。评选有严格的程序，流程包括报名、评审、投票、最终评议四个步骤。每次和我谈起入选名单时，安顺总是如数家珍，足见他对这项工作的重视和投入。这一活动持续了多年，不仅唤起了人们对传统文化教育的重视，而且发掘出了开展传统文化教育最重要的人力资源。正因为如此，2014年我受

序

中国教育学会的委托，筹组优秀传统文化教育研修与推广中心（2014年10月改名为中国教育学会传统文化教育中心、2018年7月更名为中国教育学会传统文化教育分会）时，安顺给予了我极大的帮助。他应我的要求，不厌其烦，多次向我推荐传统文化教育领域尤其是中小学一线的优秀教师，这对于组建一个覆盖面广、包容性强、结构合理、人员素质高的理事会起了关键作用。

当下的传统文化教育虽然方兴未艾，但参与者既众，乱象也非常明显。比如，在教育目标上功利化和狭隘化的问题，教育内容上碎片化和庸俗化的问题，教学方法上仪式化、复古化和非教育化的问题。这些问题的存在，不仅给当前的传统文化教育造成了严重的伤害，而且为传统文化教育的健康发展埋下了隐患。安顺和我都看到了这一问题，并试图为解决这些问题做一些工作。两人商议组建一个类似传统文化教育几十人的沙龙，约请一些从事传统文化教育方面的同道，就传统文化教育中某个具体的问题，定期或不定期、以线上或线下的方式展开研讨，以达到深化认识、避免盲区、取长补短，从而引导传统文化教育健康、持久、有效开展的目的。后来又考虑到一些年长者的思想观点已经定型，通过研讨相互影响的可能性较小，在中青年学者中开展这项活动效果会更好，遂率先成立了由安顺担任总干事的传统文化教育青年论坛，以研究理论、关注实践、解决问题，为传统文化教育提供积极的、建设性的方案为目标，并于2023年10月27日举行了线上启动仪式。

2016年，我申报并入选了国家社科基金重大项目《中国传统文化教育资源的开发利用研究》。鉴于安顺在传统文化教育资源的开发利用方面已经做了大量卓有成效的工作，在组建课题组时，我首先想到了他。应我之邀，安顺慨然允诺参加，成为一个子课题的负责人。在开题会上，安顺反复阐释自己的观点，强调传统文化教育资源的广泛性，不能仅仅局限于经典、常识、游艺方面。在课题的具体实施环节，他用课题号在《教育学报》《全球教育展望》《国际儒学》《当代教育与文化》《文史知识》等刊物上发表了多篇论文，为课题的完成做出了重要贡献。收录在本文集中的多个章节，就是他为完成这一重大课题所贡献的成果。

传统文化教育是一门实践性很强的学问，安顺的研究，既注重学理，也特别关注学理的落地和实效。2023

序

年 3 月，安顺所著的《中华经典教育三十年》由清华大学出版社正式出版，该书对于传统文化教育百年的发展历程进行了全面的梳理，尤其是对近三十年的经典教育进行了重点剖析。相对而言，《百年魂归：儒学扎根与经典育人》则偏重探索传统文化教育的现实策略，对在传统文化教育实施过程中无法回避的诸多问题，如传统文化教育的定位、内容筛选、执行主体、师资培养、教学策略以及教学评估等多个方面，提出了足以让我们重视的观点。

我人微言轻，不足以为他人之书作序。但安顺反复劝导，说我是为此书作序的合适人选。念及我们这些年的交谊，尤其是看到安顺无论是学术研究还是推广实践，都做得有声有色，成果丰硕，日新又新，我感到非常高兴，所以写下上述文字，是为序。

徐梓

2025 年 1 月 20 日

目 录

序 / 1

引　言　夫子经典,能否乘着教育归来? / 1
一、我与儒学经典教育二十年 / 4
二、儒学经典教育的难点思考 / 12
三、儒学经典教育的创新之处 / 16
四、儒学经典教育的横向实践 / 18

第一讲　21世纪儒学:从"游魂"到"归魂" / 25
一、民间读经、经典诵读和经典教育 / 29
二、走出儒学经典教育的认识误区 / 38
三、儒学经典在当代教育中深深扎根 / 44
四、儒学经典归来的必要性和可能性 / 56

第二讲　构建儒学经典课程体系的历史新机遇 / 69

一、构建传统文化课程体系的转折点 / 72

二、构建传统文化课程体系的关键点 / 83

三、构建传统文化课程体系的突破点 / 87

第三讲　儒学经典教育的三大目标 / 101

一、训练民族思维方式 / 103

二、象思维助力创新人才培养 / 110

三、确立现代价值取向 / 129

四、养成健全理想人格 / 134

五、多面孔子，唯念君子 / 141

第四讲　从"新五经"到"新十经" / 151

一、经典之衰：课时竞夺的现实抉择 / 153

二、"新五经"之光：照亮经典之路 / 156

三、"新十经"之辉：经典课程与教材体系构建 / 159

四、实践之翼：托起"新五经"到"新十经"的发展 / 161

五、依据之根："新五经"与"新十经"的课程基石 / 176

目　录

第五讲　经典教育落户社区的新机遇 / 179
一、迷失的归途：儒学经典教育的困境 / 181
二、机构之难：儒学经典教育的挑战 / 184
三、社区落地：儒学经典教育的新家园 / 188

第六讲　教师是儒学经典教育的关键 / 193
一、教师之心：对经典教育的热切期盼 / 196
二、课程之缺：教师经典教育的短板 / 198
三、紧迫之钟：敲响教师经典教育的鼓点 / 199
四、希望之路：教师经典教育的前景 / 201
五、使命之重：铸就教师经典素养之魂 / 203

第七讲　吟诵的当代传承、教学实践与传承创新 / 205
一、吟诵与语言、语音、音乐的关联 / 208
二、吟诵功用的对象、范围、程度与方式 / 217
三、吟诵的当代文化影响与更新 / 220
四、吟诵的传承发展与教学实践 / 222
五、吟诵组织的开展与传承创新 / 226

第八讲 从识字到象思维,以《天地人 你我他》为例 / 229

一、课例之窗:《天地人 你我他》的教学启示 / 233

二、思维之光:象思维与传统文化的融合契机 / 242

三、探索之路:识字教学中的象思维训练 / 250

四、意义之重:象思维引领的文化渗透 / 256

第九讲 经典研读七步骤,以《论语·学而第一》为例 / 259

一、开启经典之门:研读的必要性与可能性 / 261

二、品味经典之美:《论语·学而第一》解读 / 266

三、追寻智慧之光:经典研读方式的意义 / 279

第十讲 中华经典教学评价的新思路 / 283

一、转型之思:儒学经典教学评价的新路径 / 286

二、自主之光:学生自我评价与中华经典教学 / 289

跋 经典教育:一条取经路 / 303

引 言

夫子经典,能否乘着教育归来?

引　言　夫子经典，能否乘着教育归来？

两千五百多年前，孔夫子想移居九夷，也想过"乘桴浮于海"，然而终究不可行。夫子终究还是秉持着"知其不可而为之"的恒毅原则，一生不是求学，就是为政；不是在周游列国的路上，就是身处编修六经教导弟子的事中。夫子已去，但夫子留下的经典却成为两千五百多年中华文明之光中最明亮的那部分，指引着我们走出黑暗的包裹。

然而在一百多年前的晚清民初教育变革之际，小学读经科被废除，经学科大学被废止，随后的新文化运动，更是要打倒孔家店。在近代教育发生巨大变革的背景下，儒学经典被纳入"读经讲经科"，"读经"一词逐渐成为近现代中国教育界对儒学经典教育的通俗称谓。自20世纪20年代起，关于"读经"的各种理论如"读经立国论""读经修身论""读经救国论""读经存文论"等相继出现，但都不能改变儒学经典从课程和教材中被逐步剔除的命运。于是，夫子整理、有文本流传下来的五经和朱子编定的四书就逐步从我们的教育必修课程中消失。围绕着恢复读经以及反对读经的论争，构成了20世纪中国教育现代化进程以来一个持续存在的难题。

约瑟夫·列文森提出儒学经典"博物馆说"，海外新儒家也提出儒学"游魂说"，影响深远，已经超越了学术范围而深刻影响到教育界。不过，他们未能预见到的是，儒学不仅未迅速消亡，反而在20世纪末至21世纪初展现出强劲的复兴势头，而这种势头集中体现在教育领域。

我从2001年研究生毕业以来，一直从事中华经典教育的出版、教学和研究工作，其实就是想试着提出并解答一个问题：夫子经典，能否在未来的中国教育中适度归来？

一、我与儒学经典教育二十年

对这个问题，我的理论思考与教育实践都浓缩在我的《中华经典教育三十年》这部小书里。2023年3月，拙作由清华大学出版社出版。这部小书，见证了我个人将自己微小的个体生命投入经典传承发展事业中的点点滴滴，验证了一群同行者将自己美好的岁月年华与践行经典传承发展事业相伴随的方方面面，更历史地记录了一个民族的先辈们为经典传承发展所付出的艰辛努力。

我必须写出这部《中华经典教育三十年》，因为只有

引　言　夫子经典，能否乘着教育归来？

这样，我才能对我个人和很多同辈二十多年的经典教育思索和实践有一个交代，也才能告慰一百二十多年以来不断进行思考和实践的前辈们。

这部书稿的最初草稿完成于2019年5月2日，在北京市房山区修德谷的一个小型的经典教育分享会上。但此后很长一段时间里，我似乎什么事都做不了，而且几乎就要放弃这本书的写作了。草稿虽写完，但是离完稿却遥遥无期。一直到2022年4月9日，初稿才得以完成。那时我一个"孤家寡人"正被疫情隔离在深圳市福田区深康村5B栋18B室。要不是有那一个多月完全封闭的时间，这部书稿能否完全写出来，可能要打一个大大的问号。

这部书稿最初的种子在二十多年前（2001年）我的硕士毕业论文中就已经种下。因为我修的是思想史专业，我的导师胡伟希是冯契先生的博士生，他对哲学史尤其是对严复研究颇深，所以在我读研究生二年级的时候，胡老师大约暗示过我，可以以严复研究为主题来做论文，那一刻我也觉得很好，毕竟严复是近代思想文化领域跳不过去的一座丰碑。然而，我就是年轻不听话，竟然想着自己找题目。于是在一次听到所里的某位老师说有一套《中国近代教育史资料汇编》的书不错，做几个博士生课题都有可能，我便去清华大学老图书馆找这套书，很可惜只找到了一册，一翻之下果然很好，又去地摊上买到了另外一本，虽然不完整，但关于晚清教育改革前后的学制史料和思想史料是有的。就在这个时候，北京大学百年校庆上饶宗颐倡导"新经学"研究，这对思想史研究影响更大，也不知道是哪位先生说了一句话，蔡元培为什么在民国初年就任教育总长时要独断地废除小学读经。我也是一愣，蔡元培不是提倡"思想自由，兼容并包"吗？为什么对废除中华经典这么决绝呢？是不是有点独断过度？问题一旦产生，年轻的心就放不下了，于是就自己去查论文成果，做资料收集工作，还像模像样地开题了，而这一切当年居然得到了导师胡伟希的默许，由着我去做。今天看到这本书，我不能不感谢导师对我学位论文课题选择的"放纵"。后来论文也艰难完成，胡老师还认真邀请了欧阳哲生、葛兆光、彭林、刘晓峰诸位先生莅临我的论文答辩会，我的《清末新政经学课程演变之研究》居然还得到了诸位先生的初步肯定，现在回想起来，不免心生感激。

不过，很危险的就是我硕士毕业后，竟然没有用尽全力去读博士，而是带着一颗要践行思想力量的燥热的心到出版社工作了，而且到编辑室不到半年，就开始在出版社

引　言　夫子经典，能否乘着教育归来？

的总编室、发行部、教材推广中心、市场部等部门之间不断"流浪"，其结果就是在读硕士期间积累的那一点思想的灵光，已经被现实的工作消磨殆尽。好在2002年做图书销售期间，还挤出时间把毕业论文整理成一篇论文，投到王钧林做主编的《孔子研究》，竟然刊发了，我还收到一笔在当时绝对不菲的稿酬，并装了一回大款，邀请发行部的同事下馆子撮了一顿。或许这是为后来写书做的准备，但当时对这么做的意义确实毫无意识，只是觉得这样做才能对毕业论文有一个交代。

　　工作可以折磨人，但也可以成就人。《中华经典教育三十年》的出版，与我的工作经验有直接的关联，那就是从2006年10月到2009年4月我参与了《于丹〈论语〉心得》的图书出版工作，特别是因为承担了该书的营销工作，所以我在与海内外大量读者的交往中，亲身体验到作为经典的《论语》所蕴藏的巨大力量。如果在我的工作历程中截去这一极其特殊的工作经历，还能有这本拙作的诞生，我自己也是不敢相信的。因为于丹老师的心得节目在2006年国庆黄金周的播出，因为超级畅销书《于丹〈论语〉心得》的横空出世，因为"于丹心得"现象在全社会乃至全球的出现，我得以在该书销售最高峰期间每日接收到的几百封信件中体味到经典的力量，得以在与社会各界人士的交流中体会到经典打开胸襟的兴奋，得以在不同的城市签售、讲座、座谈中直接感受到社会各界读者的喜爱……这一切真实的日日夜夜的感受，是课堂上无法传授的，是书本上无法阅读的，是研讨会上无法给予的，也是期刊论文和经典文本无法给予的，这就是经典打开的力量。一旦经典被打开，就会穿越千年时光，链接古今人心，激发火热的生命动力，这就是我称之为"经典心得大法"的东西，一点也不玄妙，它就真实地在我的工作中出现过。这一段难忘、难得、难能的宝贵工作经历，直接注定了我要写出这样一本书，这似乎是一种宿命。

我在完成"于丹系列图书"出版的工作之后，于2009年4月在中华书局下面启动了一家书局直属的小国企——北京阳光润智文化传播有限责任公司，在书局内部开始叫中华书局经典教育推广中心，后来改名为经典教育研究中心，其实是一套人马两块牌子。我们开展经典校本教材、地方教材的编辑出版工作，也开展教材的教研服务，还举办经典教育论坛、骨干教师培训等师训活动。2014年把台湾地区董金裕主编的《中华文化基本教材》改编成《中华文化基础教材》并在全国高中推广，2016年参加山东省中

引 言 夫子经典，能否乘着教育归来？

小学地方必修教材《中华优秀传统文化》的编撰、送审并且此教材成功入选，2018年为中华书局成功申报到中宣部文化创意发展基金500万元的发展支持资金，这三件事情是众多忙忙碌碌的工作中给我留下最深印象的。我们这个团队，不断有人加入，有人离开，但截至2019年一直以此事为主，也是一段难忘的创业经历。其中的创业之艰难，工作推动之艰辛，发展过程中的小小收获，以及推广经典教育中不断受到的磨难，我们这个团队一起经历过。虽然没有取得惊天动地的业绩，但做了很多人没有想过也没有干过的事情，这是肯定的，尤其是与儒学经典教育紧密相关的教师读本、学生读物、校本教材、地方教材、教研服务等工作的开展，对于我今天写出这本小书，可以说是完完全全的一线实践和亲身体验。没有这个水与火的考验，我可能无法体会我要写的是什么。

我要感谢工作期间遇到的每一位师友，因为在与他们的交往过程中，他们不断推动着我对儒学经典教育再思考。台湾地区教材的引入改编就是钱逊老师的牵线搭桥，后期的推广更是离不开钱先生的认可和鼓励，特别是在中央电视台"新闻1+1"节目组在清华园的日暮前采访他时，老先生掷地有声地回答记者关于要不要开展经典教育的提问，大意就是有些事是需要上面决策的，必须做的就去做，不能等大家都明白了才去做。其实那句话倒不是给记者说的，而是给我说的，它坚定了我要持续把经典教育这件事做下去的信念；又比如余敦康老师，那个时候我对《周易》的了解还停留在知识的层面，当余先生的学生寇方墀老师带我到先生家时，我对先生的学术思想并无太深的了解。那个时候余先生因身体原因已经站不起来了，只能坐着说话，当听说我在做这件事情时，先生很是激昂地说，你要举大旗做大事啊，这对我来说是一种从未有过的鼓励；再比如我与陈琴老师的一段交往。2010年七八月间开展经典教育师资研修营活动的时候，我还不知道这个世界上有位叫陈琴的老师，在那次研修营与王崧舟老师吃饭聊天的过程中，我向他打听有哪些教师、学者、专家在做经典教育，王崧舟老师向我推荐陶继新老师并给了我陶老师的电话号码，我就试着给陶老师打了电话，陶老师就向我推荐了陈琴老师。于是我在联系了陈琴老师之后，就坐飞机到广州天河区华南师大附小去见她，去听她的课。回北京之后我又陆续去了几次，在学校附近的华景路上住在一个没有窗户的小酒店房间，有一次前后大约住了十来天，我还特地借了一辆自行车，骑着车子去听陈老师的课，去与学校的领导

引　言　夫子经典，能否乘着教育归来？

沟通，去与她的同事沟通，去与她的学生沟通，去与她的学生家长沟通，甚至与她的已经毕业上了大学的学生沟通，来了解经典素读的教学效果。正是在这样的深入了解之下，我们这个团队给陈琴老师出版了一本《经典即人生：文字是修正灵魂的良药》，销售了五六万册；出版了十二册的《中华经典素读本》，等等。我就是在与这些师友的沟通和学习过程中，不断加深了对经典教育的认识，不断得到坚持下去的鼓励，不断获取灵感。

2019年5月我从出版岗位转到教学科研岗位，要面对的困难很多。我暗自做好了一切准备，但人算不如天算，2020年年初发生的新冠疫情，让我与学生、大学老师之间的联系少之又少，不能入校，不能参加学术研讨，不能去听想听的课，但学会了线上上课，学会了读书、写论文、上网查资料、使用电子签名。客观环境逼迫我只能将时间投入到书稿的撰写中，但是几次都是修订了一部分之后又放弃，只好再读几本书，写一点论文，然后又开始撰稿，就这样一直延续到2022年年初，我开始放弃其他的读书、写论文等日常工作安排，集中所有的时间开始修订这部书稿，特别是2022年三四月间。而且越写思路越清晰，这才慢慢地完成了全部书稿的修订工作，觉得像一本书了。可以说，在深圳大学宝贵的五年时间里，这部书稿的撰写是贯穿始终的一个工作，没有第二个；后来又受到广州大学以屈哨兵书记为首的科研团队的信任，愿意将我的这部书稿纳入其教育部社科司的重大课题之中，这就更加坚定了我要出版这部书稿的信心。

二、儒学经典教育的难点思考

这本《中华经典教育三十年》生不逢时，不仅没有赶上时代热点，反而是被巨大的热点所冲淡，但由于其满满的问题意识，反而使这本书不应景却值得翻阅。20世纪80年代以来，中国大地上，从蒙学热、汉字热、中医热、文化热、经典热、国学热等开始，在与西方文化热的相互纷争中，热点一直持续到2014年，之后，很多事情都回归到一个正常发展的维度，不再忽冷忽热，此其一；其二就是世人的眼光逐渐被俄乌冲突、中美贸易摩擦等打断、分散和转移，所有的热点问题在这些问题面前都自动变得小起来。同时，民间读经转入持续小规模深入发展阶段，人们不再是头脑发热式加入，也不再有很多的机构或个人一拥而上，而是那些存活下来的不多的学堂、私塾，慢慢地开始精耕细作，整体深化摸索读经教育的更好模式；各级各

引　言　夫子经典，能否乘着教育归来？

类学校的经典诵读、经典教育也进入健康发展状态，运动式的发展方式少了，表演式的诵读活动减少了，体验式的内在发展方式多了；一些企事业培训机构，由于线下活动的局限，也开始进入新的求生存发展阶段，开始转变到线上活动中去，不再满足小众文化需求，而是关注大众的精神需求。就在经典教育经过三十余年的持续发酵、大火烧起之后，各个参与方开始转向理性之后，这本小书出现了，它不会被热切关注，但也不失时机地对过去做了一些总结，做了一些分析，做了一些回顾，我想这个时机或许是合适的，因为它本身就是一个问题集成的结果。

这本书严格来说既不是经典教育史，也不是理论研究论文集。从历史纵向角度而言，它是对如下几个重大问题给出的尝试性的解答：中华经典教育这个问题是怎么出现的，过去怎么做，现在怎么做，将来要如何做；从课程理论上来说，中华经典课程的目的是什么，课程内容遴选、课程培养目标是什么，教学实施路径是什么，谁来实施，怎么评价等。

这本小书不仅是当下我对经典教育问题的尝试性解答，其实也是对桐城派殿军人物吴汝纶的"西学未兴，吾学先亡"时代感叹的解释，也是对张之洞从保全经典到存古学堂而不得存的志业遗憾的回答，也是对蔡元培废除小学读经科和经学大学科的后续延伸问题的回答，还是对以赵朴初为首的九位老先生《建立幼年古典学校的紧急呼吁》的回答，更是对当代学者洪明在《读经论争的百年回眸》中所说的"读经问题是民国初年废除读经之后围绕恢复读经和反对读经而产生的一系列论争，是我国教育现代化过程中抛给世人的一个世纪难题"[①]的回答。

我对经典教育的研究，并不是孤立地研究，而是把它放到了一个时代大思潮的框架内思考。我特地开辟了一章，就是"中华经典教育的时代思潮"，对20世纪80年代以来在中国教育界先后兴起的人文教育、通识教育、全人教育、古典教育、传统文化教育、国学教育、儒学教育、读经教育等比较有代表性的教育思潮做了描述，然后综合起来分析比较，最终归纳为"人"的教育。如此看来，其实经典教育也不是一个怪物，它不过是人文学者在当代科技思潮占据主流的过程中，为人文教育争取其合理应有的地位的一次整体人文学运动中的一部分。

---

① 洪明.读经论争的百年回眸[J].北京师范大学教育学报，2012(01)：3-12.

引　言　夫子经典，能否乘着教育归来？

中华经典教育一定是一个老问题，是一个一百多年没有解决好的世纪难题。为了对这个百年难题有一个较为清晰的认识，我特别用三章的篇幅来分析改革开放前的历史发展、海外的历史发展、1991年以来经典教育的现状和发展趋势等，试图梳理清楚经典教育的发展历程、普遍经验和发展趋势，在把握了这个新趋势之后，再给出新的解决思路。所以我同样用三章的篇幅来阐述我的新思路，那就是"中华经典课程体系初探""中华经典课程教学方案"和"中华经典教材体系构建"。

其实，在与出版社编辑交流这本小书的过程中，编辑也是顾虑重重，除了它是一本不好读的学术书，编辑更对经典教育中透露出来的文化保守主义充满了担忧。但是我跟编辑说，我起码有新的思路，走出了过去对经典教育的认识范围，但更为重要的是，我思考的维度完全是面向未来的，不是对历史的安慰，也不是对当下的指导，而是为未来的世界和中国如何共存、共生和共荣而设计的，我们要培养的是"有中国心的世界公民"，我们要从事的是"教天地人事，育生命自觉"（叶澜语）的中国特色教育事业。

三、儒学经典教育的创新之处

如果要说《中华经典教育三十年》到底有什么创新，那就是其《引言》所言："经典蕴藏思维，经典教育训练思维方式。""从民族的文化属性来说，民族核心经典蕴藏着民族的思维本源、价值取向和意义世界，中华民族经典尤其是儒家经典，更是深刻地影响着中华民族的思维方式、价值取向和生命建构。"这样重视历史思维、象思维，并不会阻碍科学思想和科学思维的学习。如果要用三句话来概括，那就是通过经典教育的开展，训练民族思维方式，确立现代价值取向，养成健全理想人格。如果要从内容上来说，就是以《周易》"四书""四大名著""四卷本《毛泽东选集》"等十部为主体，将传统文化、革命文化和先进文化加以打通。

李山老师在"序言"中不无赞誉地说："与祝安顺先生认识多年，早些年他以中华书局为依托，搞中小学经典教育，足迹遍全国绝大多数地方，经典诵读之声也随着他的努力，在不少地方风生水起，有声有色。笔者曾参与过安顺先生和他年轻同事们举办的经典教育活动，深受感动。安顺先生不单是行动者，也是经典教育理论

引　言　夫子经典，能否乘着教育归来？

的思考者。他出身清华大学思想史专业，有这方面思考的能力和才学。有句笑话说：理论都是不实践的人干的。安顺先生思考经典教育的，却是由自身实践而来。""经典教育的兴起，其前导是发乎民间的'国学热'。相伴而来的各种关于'国学'的教育价值的说法也是五花八门，其中'歪理儿'也不少。安顺先生的书，不取'国学'这个叫法，而取'经典教育'，很好。""经典教育的实践，需要理论的总结与思考，安顺先生的书就是这方面所作的努力。不能说他的书是'孤明先发'，他的思考处在经典教育方阵的靠前位置，是不会有什么问题的。"而黄玉峰老师在跋中的所言，更是让我惶恐不安，我根本不敢承受老师的赞誉，所以我在微信公众号上说："这篇文字，黄师写得时间早，写得好，写得意义重大，但我还是放到了书的后面。究其原因，正是因为黄师的文笔太好，尤其是过高表扬了一个小编辑，实在不敢当！但整篇文字，黄师的鼓励和爱护后进之心跃然纸上，我只把它当作我不敢停歇的动力。"

一本小书真能解决的问题是非常有限的，但撰写这本小书耗尽了我的心智，对我个人来说，应该可以画一个句号，但现在想来，可能只是开启了一个冒号，我还有很多

17

的话要说,很多的书要编,很多的课需要设计。如果这是一种时代的需要,如果还有一些同志一起前行,如果自己还可以做一些事情,那么,我就继续努力以告慰夫子:两千五百年后,有一批后学,在做一点点努力,希望夫子的经典能乘着经典教育的车驾,内容适度、时机适宜、方式适当地回归!这绝不是儒学教育的复古,更不是传统教学方式的复制,而一定是根据中华民族乃至全人类未来发展的需要,进行的创造性转化和创新性发展。

四、儒学经典教育的横向实践

《中华经典教育三十年》的问世,从历史演进的纵向维度,初步实现了对国学经典教育的百年回顾、当代总结与未来展望。在其出版两周年之际,基于理论构建与实践探索的横向维度,得益于齐鲁书社的大力支持,第二部拙作应运而生。该书汇集了我近五年来的一系列学术论文,并经过细致的修订与调整,增补了诸多新的研究成果,主要聚焦于儒学经典教育的历史回归趋势、时代机遇、目标设定、内容选择、实施主体、教学方法、教师培训、教学评价等关键领域,尽力为儒学经典教育实践的有效开展提供坚实的理论基础。本书各章节遵循"有话则长,无话则

引　言　夫子经典,能否乘着教育归来?

短"的原则,内容有详有略,旨在拓展讨论范围,激发大家对更多问题的深入思考、研究与实践。鉴于文章研究的时间跨度较大,不可避免地存在一些重复内容。尽管已努力进行删减,但考虑到某些部分对于上下文论述的完整性至关重要,因此重复之处在所难免。对此,恳请诸君予以谅解。

在进行纵向深入研究或横向实践探索时,以儒学经典为根基的中华经典教育理论研究与实践探索,必须与人类命运共同体的发展及时代重大议题紧密相连。

首先,探讨人类文明发展的路径是单一还是多元的

是否仅以欧美为代表的现代文明为人类文明的唯一发展方向?抑或以儒学为代表的东方文明,是否具备成为另一条发展主线的潜力,为人类文明进步提供更为适宜的精神动力?对此,我们对后者可以加以肯定的回答。先贤早已提出"和实生物,同则不继"的生态智慧,表明人类文明的进程不可能仅有一条路径。尽管欧美现代科技的进步极为显著,资本的推动也极大地促进了社会的发展,但多元文明的发展相较于单一文明,无疑具有更广阔的发展空间和更为合理的适应性。因此,我们有责任继承和发扬拥有五千多年历史的中华文明和儒学经典。关于以儒学为代表的东方文化力量与以欧美为代表的西方文化力量之间的关系,尽管二者可以相互兼容,但它们之间仍存在显著差异。我尝试以共生的生态文明与竞生的科技文明为视角进行分析。从哲学的角度来看,共生体现了对存在的深刻体悟与维护,而竞生则反映了对存在者的深入探索与应用,二者均具有其独特的哲学思考意义和实践指导价值。然而,我们不能偏废任何一方,而应寻求二者的融合。鉴于此问题的复杂性,本文不作深入探讨,将留待后续著作进行更为全面的论述。

其次,探讨儒家思想是否阻碍中国现代化,或者当代中国人能否摆脱儒家影响

关于儒家思想是否会对中国的现代化进程构成阻碍,或者当代中国人是否能够完全摆脱儒家经典的影响,这一问题的现实意义尤为突出,针对性亦更为显著。在本部分,我援引庄士敦的观点以作说明:"我坚信,儒家思想至今依然是中国民众中一股充满活力的力量,并且对中国的当下及未来发展具有重大价值。"[①]庄士敦在20世纪所提出的观

---

① (英)庄士敦(Johnston, R. F.).儒学与近代中国 [M].潘崇,崔萌译.天津:天津人民出版社,2010:2.

点,亦是21世纪我所欲采取的立场。儒家思想不仅对当代中国人产生影响,亦将引导未来中国人乃至全人类的发展方向。尽管儒家经典思想需要新的诠释以及根本性的转变,但儒家思想的核心精神与生命力仍将存续,并持续发挥其影响力。

第三,儒学经典课程化的可能性

在历史上,儒学通过学校教育体系、科举考试体系、官僚选拔体系以及礼乐文化体系,与传统中国社会紧密相连并共同发展。儒学经典教育是培养人才的重要途径,通过考试选拔出的官僚阶层利用礼乐文化体系进行社会教化,进而实现对整个社会的治理,在人类文明史上构筑了罕见的超稳定结构。然而,在当代,上述制度设计及其相互衔接已不复存在,儒学经典教育是否仍能存续?是否能够像现代学科体系那样实现课程化?

本研究确信,儒学经典教育的课程化具有实现的可能性。然而,该领域的研究与实践不应仅限于儒学的劝善理念和培养圣人之理想愿景,而应对其教育目标进行重新审视与定位,以期将潜在的可能性转化为现实。儒学经典教育的核心目标应聚焦于民族思维方式的训练、现代价值取向的确立以及健全理想人格的养成,这些目标集中体现在君子人格的设定上。

在高度市场化的现代社会背景下，培养传统儒学所倡导的君子形象似乎近于不可能。在现代社会，重现"积极君子"的理想状态，实现"内圣外王"的境界，在面对挑战时做到"杀身成仁""舍生取义"显得较为困难，因为现代价值观强调个体独立性、人际平等以及身心自由，并倡导权利与义务的对等。

尽管如此，现代社会依然需要"消极君子"的存在，即那些能够自我管理、虽无法"外王"但追求"内圣"的个体。不作恶是"消极君子"的基本要求，不助恶则是其核心准则。在制度的庇护下，恶行亦可滋生，其潜在的危害不容小觑。即便在民主制度下，亦有可能孕育出希特勒这样的法西斯主义者。孔子曾言："君子成人之美，不成人之恶；小人反是。"（《论语·颜渊》）促进善行虽难，但阻止恶行却相对容易，主要取决于个人的意志和行为。面对权威，如皇帝的新装故事所揭示的，戳穿谎言需要勇气，甚至可能要付出生命的代价。然而，选择不观看、不传播、不相信，便能避免为谎言提供滋生的土壤。正如保护野生珍稀动物的口号所言："没有买卖就没有杀害。"不助恶则谎言无以立足。公众的洞察力虽敏锐，却常因私

引　言　夫子经典，能否乘着教育归来？

心、私欲、偏见、偏识等各种原因被蒙蔽、被隐藏。但在当今社会，教育普及，信息透明，公平正义得到广泛认同，作为公民，只要我们立场端正，就完全有能力拒绝恶行，不为恶人、恶事、恶物提供任何支持，从而减少其在社会中的存在。

诚然，针对儒学经典课程化的探讨，前述内容涉及的是目标定位而非课程化过程及其方法论。本书的核心议题在于深入剖析儒学经典课程化的具体内涵，包括但不限于儒学经典教育的历史演进趋势、教育目标的设定、课程内容的重构、实施主体的精准定位、教师专业素养的特殊要求、教学策略的继承与创新以及教学评价体系的有效性提升等方面。

本书的出版，我要特别向《江苏师范大学学报（哲学社会科学版）》《教育导刊》《国际儒学》《当代教育与文化》《走进孔子》《出版参考》《中华读书报》等刊物的编辑团队表示衷心的感谢。正是得益于他们严格的审稿流程和精细的编辑工作，我方能完成一部关于中华经典课程论的简明著作。对于我而言，这是一项全新的学术探索，其中的不足之处在所难免，我诚挚地希望得到学术界的批评与指正。我期望在未来儒学经典教学的实践中，上述理论探究能够得到一定程度的验证。同时，我也期待得到否定的反馈，以便有机会进行修订和完善，使得儒学经典教育的理论预设更加贴合教学实践的目标——培养身心健康的人，因为培养健全的人格始终是教育的理想目标，这一点在历史的长河中始终未变。

第一讲

21世纪儒学：从"游魂"到"归魂"

第一讲 21世纪儒学：从"游魂"到"归魂"

从广义来说，凡是能传世并具有重要影响的儒家著作都可以称为儒学经典。但从中国传统文化教育这个狭义角度来说，儒学经典教育中的"经典"主要包含四类经典，其一是从两汉"六经"（实际是"五经"）到南宋的"十三经"系列，其二是南宋中期形成、元朝前期科举化的"四书"系列，其三是服务解经、便于教学的以《说文解字》为主的传统"小学"类典籍，其四是在儒学经典教育的实践中形成的序列化、主题化、功能化的蒙学读物，前三者是传统经学的范畴，第四类经典是因儒学教育自身需要而产生的，在传统社会很难被认为是经学的范畴，但从教育教学的角度，这四类都是儒学教育的经典内容。

自春秋到晚清，虽然诸子乃至释家、道家经典均是中华经典的有机而重要的组成部分，但只有儒学经典，因其逐步权威化和经学化，并与科举制日益紧密绑定，才造成了对中国社会的笼罩性影响，上至国家制度、法令，下至节日民俗和百姓生活，一切都很难避开儒学经典的学术诠释、教育传承和思想转化。从这个角度来说，传统儒学经典教育是一种垄断化、制度化、生活化的人文教化。

但在近代儒家经典教育遭遇知识、政体、社会等变革因素而被边缘化，尤其在追求高效率的分科课堂教学面前，儒学经典教育被成建制地粉碎。分科处理传统儒学经典，决定了从1900年到2000年的百年中国教育史上中小学教学和大学文科教学的儒学经典教育格局，那就是在语文教学中增加经过遴选的儒学经典选文，在德育教学中增加一些口耳相传、脍炙人口的儒家经典名句和历史典故；大学文、史、哲三个专业从传统经典中各取所取，开展分科教学和研究，其他人文学科则将儒学经典作为文献资料纳入学科史中，如经济史、法制史等。这些做法不仅割裂了经典的完整性，也忽视了经典的思想性、超越性和永恒性，而将经典视作各类课程和学科静态的知识来源。

从这个角度，1995年，海外儒学研究者发表题为《现代儒学的回顾与展望——从明清思想基调的转换看儒学的现代发展》的长篇论文。文章指出，尽管传统儒学的建制已经崩溃，儒学似乎成为无根之游魂，但得益于其两千多年的深厚底蕴，儒学的影响力并未迅速消散，而是在中国大地上继续存在。儒学已变成游魂，但这个游魂一直在中

第一讲 21世纪儒学：从"游魂"到"归魂"

国大地上游荡。这一观点，即所谓的"儒学游魂说"，成为广泛传播且影响深远的学术论断。约瑟夫·列文森提出的儒学经典"博物馆说"亦具有相似的影响力。①

然而，自20世纪90年代以来，国学经典热潮一浪接一浪，相互影响，形成了一股上下呼应、国内外共同推动的以儒学经典为核心的中华民族文化复兴思潮。民间读经运动在华人文化圈内蓬勃发展，诵读经典之声在中国大地乃至全球部分地区回荡，经典教育也在中国各级各类学校中持续深入地开展。以儒学经典为核心的中华经典，不仅没有成为"游魂"，也没有完全进入博物馆，反而正沿着民间读经、经典诵读和经典教育这三条路径，坚定地回归，尤其是在教育普及上更是逐步扎下根，不断成长为一棵大树。

一、民间读经、经典诵读和经典教育

牟宗三是近现代港台地区新儒家的代表人物之一，他认为少儿读经是中国文化的储蓄银行。牟先生弟子王财贵博士早期在台湾亲友之间发起了"儿童读经实验班"活动，

---

① （美）列文森.儒教中国及其现代命运［M］.郑大华，任菁译.北京：中国社会科学出版社，2000.

1991年在社区开始"儿童读经"试验。①

1993年8月16日,《人民日报》第三版刊登了《国学,在燕园又悄然兴起》,其中有一句话说出了当时的文化发展动态,那就是:"打出'国学'二字是很大的勇气!"虽然需要勇气才能提倡国学,但国学经典的传承发展已经蓄势待发。

王殿卿从1994年开始在全国各地的中小学进行"中华美德教育"试点活动。②1994年,王财贵博士编写的《儿童读经教育说明手册》广为流传,与此同时,王博士也开始到台湾各地进行演讲。

1995年3月,有九位老者在中国人民政治协商会议八届三次会议上提交了《建立幼年古典学校的紧急呼吁》第016号提案,提案者是赵朴初、冰心、曹禺、夏衍、叶至善、启功、吴冷西、陈荒煤、张志公9人③,这批老人和这

---

① 石大建.当代民间读经运动兴起的几种解读视角[J].孔子研究,2010(02):102-109.

② 张颖欣.当代中国民间传统经典教育研究[D].山东大学,2018.

③ 余世磊.一份沉甸甸的"紧急呼吁"——赵朴初与建立幼年古典学校提案[J].江淮文史,2023(04):4-14.

个提案将一场经典传承发展的大幕徐徐打开，为中华经典教育传承发展打开了天窗。

1997年，王财贵博士首次在中国大陆进行演讲。其后，在南怀瑾、郭齐家、徐勇等的认可与支持下，他通过在民间的一千多场讲座，再加上2001年7月在北师大那场被称为"百年震撼"的讲座，伴随着各地各类型私塾、学堂和书院的兴起，迅速将其"儿童读经"理念推广至国内二十多个省市。[①]由此，从总结读经实验到推广读经理论，从倡导兴办私学到开办文礼书院，王财贵的读经教育遂成为一时热潮。王财贵博士的学术背景与港台新儒家学派紧密关联，其读经教育内容推崇"四书"尤其是《论语》，其读经路径是要"以中化西"[②]，从这里可以看出其读经教育是一次彻底的儒学复兴活动。

1998年6月26日，由中国青少年发展基金会主推的"中华古诗文经典诵读工程"正式启动。该工程由中国青基会下属的社区与文化委员会负责实施，著名学者季羡林、

[①] 刘凌,王立刚.读经、国学与传统文化教育的区别[J].当代教育与文化,2014(02):1-6.

[②] 王财贵.全民读经 刻不容缓[J].教师博览,2010(12):10-11;儿童读经之基本理论[J].少年儿童研究,2014(04):6-9.

杨振宁、张岱年、王元化、汤一介担任顾问，南怀瑾担任指导委员会名誉主任。中国青基会社区与文化委员会组织专家学者编辑了《中华古诗文读本》，选编从先秦至近代的300篇古诗文经典之作，分为子、丑、寅、卯等12集由北京大学出版社出版，并配有录音磁带。该工程在全国三十个省（区、市）的数千所学校的430余万少年儿童中开展起来，同时受其影响并在其中受益的成年人也超过2500万人，仅北京市就有200万12岁以下的儿童接触到了诵经教育。专家估计，儒学经典诵读工程推行10年来，中国内地有100多个城市数百万少年儿童参与了经典诵读活动，北京民间开办的读经机构接近10家，潜在的读经幼儿群体超过50万。台湾、香港有100多万儿童参与，东南亚及美国、加拿大、卢森堡等地，有300万家庭受此影响。①

经典名著是人类智慧的结晶，是优美文字和思想的结合体。诵读经典既是学习语言文字的媒介，也是传承中华优秀传统文化、促进素质教育的助推器。从2007年开始，教育部、国家语委在学校和全社会开展以"雅言传承文明，经典浸润人生"为主题的中华经典诵读行动，开展

---

① 刘川鄂.读经与反读经［J］.文学教育（上），2011（10）：4-9.

了中华诵经典诵读大赛、规范汉字书写大赛、诗词创作大赛、中华经典诵读夏令营、传统文化节日晚会等活动,极大地推动了中华优秀传统文化的传播与教学,不断将中华经典诵读推向纵深发展。2009年,教育部办公厅下发《关于在教育系统做好"中华诵"经典诵读工作的意见(教语用厅〔2009〕2号)》,要求全国各级各类学校重视和开展经典诵读类活动;2010年,教育部、国家语言文字工作委员会下发《关于在学校开展"中华诵·经典诵读行动"试点工作的通知(教语用函〔2010〕6号)》,要求开展诵读、书法、写作、演讲等全国性系列活动;2011年召开了中华诵·经典诵读行动的经验交流研讨会;2013年,教育部、国家语委开始建设中华经典资源库和中小学语文示范诵读库;2015年中华经典资源库一期结束并对外展示;随后,定期举办经典诵写讲骨干教师培训;又开展"书法名家进校园"专题活动,研究制定"中华通韵",联合中央电视台举办中国汉字听写大会、中国成语大会和中国诗词大会等原创品牌节目;2018年9月,教育部、国家语委印发《中华经典诵读工程实施方案》,该工程从2019年至今持续开展了经典诵读大赛、诗文创作大赛、"祖国印记"(后改为"印记中国")师生篆刻大赛、"迦陵杯·诗教中国"诗词讲解大赛等活动，将经典诵读从试点活动转变为日常活动。

自20世纪90年代中期持续到21世纪的海峡两岸的"读经现象"，持续时间长，社会关注度高，争论激烈，影响深远。胡晓明认为："读经现象即一场有语文工作者、媒体工作者、文化批评家、教师、出版商、教育基金会以及学生和家长们多方参与，有思潮、有纲领，也有争论和批评，自下而上，有一定规模和影响的活动。"[①]呈现出"需求热，有共识；实践多，分歧大；课程化，有难度"等时代特征。这次读经运动的后期，逐步演化为以私塾、学堂和书院为主体的民间读经教育，和以各级各类学校为主体开展的经典诵读行动。前者在民间开展，在发展中逐步暴露出各种问题，不断受到社会部分媒体的批评；后者由各级各类学校开展，从个别试点走向了普遍实施，造就了以儒学经典为主体的中华经典传承发展史上最为壮阔的历史高潮，并逐步升级为以课程和教材体系建设为主体的经典教育。

在民间读经和经典诵读开展得如火如荼之际，社会上

---

① 胡晓明.读经：启蒙还是蒙昧？——来自民间的声音［M］.上海：华东师范大学出版社，2006：3.

对儿童读经的批判也同样热烈。2004年，蒋庆选编的《中华文化经典基础教育诵本》出版，当时身为耶鲁大学博士候选人的薛涌在《南方周末》发表《走向蒙昧的文化保守主义——斥当代"大儒"蒋庆》一文，对蒋庆选编的《诵本》以及诵经做法提出强烈质疑并给予激烈批评。薛涌赞同蔡元培废除读经的举措为"英明之举"，反对当下让孩子们读经，尤其反对"强迫孩子在3—12岁期间背诵15万字自己并不懂的内容"。他将蒋庆视为文化保守主义的代表，认为若这种思潮在国内占据主导，社会将有"回到蒙昧之虞"。薛涌的这篇文章最初发表于《南方周末》，旋即在全国知识界引起广泛关注。随后，秋风发表《现代化外衣下的蒙昧主义》反驳薛涌，薛涌则以《什么是蒙昧——再谈读经，兼答秋风》予以回应。此后，不断有学者发表有关争论的文章，诸如杨东平的《读经之辩：回到常识和现实》、许纪霖的《读经的困境》、袁伟时的《评读经：中国人何须为儒家文化殉葬》、方克立的《关于当前大陆新儒学问题的三封信》等。

就这次论争的派系而言，主要有三派：赞成派、反对派和中间派。赞成一方以"倡导儿童读经的四君子"南怀瑾、王财贵、郭齐家、蒋庆等为主；反对方以方克立、薛涌、刘晓东、柯小刚等为主；而中间派则以徐梓、胡晓明、于述胜、刘铁芳、沈立等为代表。这只是粗略地划分，每个学者不同时期都有其主张，既有新的观点，也有修正的论点，实际情况非常复杂。总体而言，大多数学者认为读经是对当下教育的有益补充。[1]例如，徐梓不反对读经，但不主张儿童过早读经，特别是"四书五经"，因为这是儿童没有兴趣接受的内容。[2]李山认为读经典应有现代人的自主性，健康的读经需要多方融合，需要古典学问与现代知识并举。[3]

诸多学者就民间读经和经典诵读进行多方论争、深度反思并提出前瞻性建议，但在反思中明确提出将经典诵读转变升华为经典教育的，沈立博士当属其一。他认为，儿童读经实质上是一种经典文化教育，既强调经典文化的学习，又注重各种经典艺术的研习；儿童读经运动发展到今天，已经到达一个十字路口，经过适当的调整与改善，就

---

[1] 刘良华.关于读经教育的建议[J].上海教育科研,2016(10):1.
[2] 徐梓.从《小学》的命运评说当代儿童读经[J].课程·教材·教法,2007(02):36-39.
[3] 李山.关于读经,都需要理性精神[J].群言,2016(12):28-30.

可能会进入一个健康持续的发展阶段——经典教育阶段。①沈立博士不仅明确指出当下儿童读经的弊病，还就此提出了面向中小学推行中华优秀传统文化教育的具体策略：逐步开设以《三字经》与《千字文》为代表的蒙学课程、以《声律启蒙》与《说文解字》为代表的"小学"课程以及以《大学》与《论语》为代表的"大学"课程。②其实这就是将经典诵读转变到经典教育的初步设计和实践方案，尽管这个方案的传统痕迹和诵读影响还是很浓厚的。

正是在这样的历史背景之下，2014年3月26日，教育部印发了《完善中华优秀传统文化教育指导纲要》，第一次全面就推动和落实中华优秀传统文化教育的指导原则、各阶段内容和教学目标、保障措施等给出了指导，特别强调要对全体学生的学习全流程进行全面的中华优秀传统文化内容的融入。2016年9月，山东省教育厅制定了《中小学中华优秀传统文化课程指导纲要（试行）》，就课程的定位、原则、内容、目标、教材编写要求、考评和保障等

---

① 沈立. 对当前儿童读经运动的反思［J］. 中国教育学刊，2006（05）：18-21.

② 沈立. 浅论如何在中小学推行传统文化教育［J］. 中国教育学刊，2007（05）：24-27.

给出了具体的要求。2017年1月25日，中共中央办公厅、国务院办公厅印发了《关于实施中华优秀传统文化传承发展工程的意见》，提出了到2025年中华优秀传统文化传承发展体系基本形成，而教育普及是其中的一个重要体系，届时要构建贯穿国民教育各个阶段的中华优秀传统文化课程和教材体系。2019年12月，中国教育学会研制的《中小学传统文化教育指导标准》发布。2021年，教育部印发了《中华优秀传统文化进中小学课程教材指南》。从中可以看出，完善中华优秀传统文化教育，构建中华优秀传统文化课程和教材体系，是一以贯之的国家意志和行为，标志着中华经典从"诵读"到"教育"的转变。

二、走出儒学经典教育的认识误区

如果儒学经典想要避免进入约瑟夫·列文森所说的"博物馆"，也不想成为一缕"游魂"，实事求是地继承和总结近百年来海内外几代学人和传承者的研究成果和典型实践案例，如饶宗颐提出的"新经学"等研究成果，中国台湾地区的高中《中国文化基本教材》教学实践，新加坡的《儒家伦理》课程实践，山东省中小学《中华优秀传统文化》地方必修课程开展等典型案例，我们就可以创造性地继承和发展儒学以建构中国特色的教育学,也就是将科学知识教育与人文养成教育高度融合,在21世纪前半个世纪努力完成儒学经典的课程化体系建设。如此,我们就必须从教育的角度追问课程建设不可忽视的根本问题:儒学经典教育到底是一种什么类型的教育?

对于"儒学经典教育是什么"和"什么是儒学经典教育",不同的研究者得出了不同的结论。虽然有少数学者坚定认为当代儒学经典教育是政治教化的实践,如蒋庆,但并不普遍。较为普遍而近乎朴素的潜意识理解是,儒学经典教育就是道德教育,就是修身养性,就是人格典范的养成。郭齐家指出,今天倡导儿童读中国文化经典,主要是"回溯源头,传承命脉"的需要。让少年儿童诵读中华文化经典,在于为他们提供做人的思想和行为的指导。① 除此以外,儒学经典教育,有学者认为是传承和领悟中国智慧的教育②,有学者指出是新儒家思想指导下的儿童读经教

---

① "儿童经典教育和文化传承"报告会在闽举行[J].教育评论,2005(02):88.
② 王丽荣,刘晓明.传承中国智慧,创新经典教育[J].教育科学研究,2018(12):30-33.

育①，有学者提出应该恢复到审美教化②，等等。因为对儒学经典教育的特有属性认识不同，儒学经典学习内容选择相应也不同。

我认为，21世纪的儒学经典教育既不是恢复明清科举制之下的课程体系的复古性教育，也不是与古今中外其他经典不对话的封闭性教育，而应该是坚持其核心特色而秉持开放、对话的包容性教育，简言之，就是一次儒学经典再激活的新儒学经典教育。但需要对目前存在的不同认识误区有所辨析。

首先，儒学经典教育并非单纯道德教育。道德教育在人类社会教育中是一种普遍现象，在家庭、社区以及社会生活中随时随地进行着，学校也设有相应的德育课程，它是一种动态且日常的教育形式。经典教育对道德素养的提升和德性的养成有所助益，这几乎是人类步入现代社会以前所有民族的经典教育的共同特点。然而在当今时代，将经典教育等同于道德教育，乃是没有认清

---

① 王财贵. 全民读经 刻不容缓 [J]. 教师博览，2010(12)：10-11.

② 夏泉源，扈中平. 从诠释教化复归审美教化：当代经典教育的教化之路 [J]. 现代大学教育，2021(01)：78-85+111-112.

第一讲　21世纪儒学：从"游魂"到"归魂"

经典教育与道德教育之间的区别。儒学经典之所以成为经典，是因为它具有超越时代的特性，或者说它可以脱离时代性而具有抽象的诠释可能，而道德教育具有强烈的时代性，道德教育的目的是解决当下的社会问题，所以儒学经典教育的确具有道德教育的功能，但其超越时代的原创性、权威性、开放性、典范性，决定了其主要功能并非单纯道德教育。

其次，儒学经典教育非新儒家儿童读经。儒学经典因为年代久远，字形、语音、字义、文法等变化较大，正音、正字、正确句读等必须先行。但在当代，针对不同学龄阶段的学生，需要认真研究诵读内容、诵读方法、诵读数量、诵读目的、诵读评价等教学基本问题。如果一味认定熟读而以加深记忆为主要教学目的，背诵量很大但内容又不为青少年儿童所理解，教育者却希望学习者长大以后能像牛吃草反刍那样来消化背诵的经典内容，那么，这种诵读教学就值得注意。因为在当代，学习者的学习时间在众多学科知识和海量信息面前变得极其珍贵，学习者对未进行知识点分割的儒学经典学习感到不习惯甚至隔膜，如何在当代适度恢复儒学经典诵读是一个有待深入研究的课题，不是"小朋友，跟我读"和"老实读经、大量读经"①所能轻易解决的，否则就很容易走向柯小刚所说的"野蛮读经"②。

其三，儒学经典教育不止于审美。自然科学和社会科学可以通过分科课堂教学来大规模、高效地传承和训练，可以有效提升学习者的知识水平和技能等级，而儒学经典教育则需要学习者的内在接受，这种接受方式应该是审美化的，但这只是经典教育在当代教育中的一些特殊方面。儒学经典教育可以提倡体验式的审美活动，促进人的内心成长，但儒学经典教育不等于审美教化，因为儒学经典教育是要对自身、他人乃至社会、大自然产生价值选择和行为实践的影响，是实实在在引导人生实践的学问，除了美的感受，它还有对真、善的持续追求、认知和实践。

当前对儒学经典教育的接受认知，一是从语言文学方面的知识传承角度，二是从文化心理安抚角度，三是从习惯养成与品德教化角度，四是从民族文化认同角度，

---

① 王财贵. 全民读经 刻不容缓［J］. 教师博览，2010（12）：10-11；儿童读经之基本理论［J］. 少年儿童研究，2014（04）：6-9.

② 柯小刚. 不能放任野蛮读经：引导经典教育健康发展［J］. 探索与争鸣，2017（01）：64-70.

简言之就是有利于青少年的语言表达、身心健康、品德提升和民族认同,符合家长和教师的朴素愿望,但这远非经典教育的核心价值。从个体生命来说,其出生、成长就已经是在接受一个先在的文化体系,顺利地、有效地接受经典的价值观,本身就是个体生命健康成长的成就之一。"传统文化教育一定是价值教育"①。如果不了解经典教育的育人功能,就会对经典教育产生误解乃至排斥。传统文化经典需要诵读、记忆,但不是记问之学,忽视其涵养道德、蕴化心灵的本质意义,不免会陷入舍本逐末的误区。

领悟中华民族的智慧当然是儒学经典教育的应有之义,但关键问题是如何让学习者领略、体悟到经典中蕴藏的智慧。儒学经典中所蕴含的天人、群己、身心和谐思想,是当代教育中促使学习者增加智慧的不可或缺的内容。西方的科学理性、实用主义人生态度,大大提升了人类利用大自然、改造大自然的能力,优化了人类社会生产、生活方式,提高了人类的生活品质,但现代西方科学

---

① 洪明. 价值教育:传统文化教育功用的基本定位 [J]. 中国教师, 2010(19): 4-5+17.

理性的唯一性追求，对竞争的无限放大，对人的欲望的无限激发，也给人类社会发展和大自然的生态系统带来了巨大的损害和隐患。这些从欧美传入中国的现代思维，在我国的工业化、城市化、信息化、市场化等现代化进程中也在相当程度上存在着。我们需要调动传统儒家修身资源对其加以制衡，这种制衡并非拒绝现代科技文明，而主要是适度调节人的欲望。

为此我们要走出现代性思维的误区，要从儒学经典所蕴含的思维方式、价值取向和人格养成之中吸取营养成分，培养有"中国心的世界公民"，为世界文明的传承发展培养出健全的"人"（成人），来解决中国当下和未来发展中遇到的难题，通过21世纪儒学的传承发展为世界文明的发展作出贡献。

三、儒学经典在当代教育中深深扎根

民间读经、经典诵读和经典教育，前后接续，表明了儒学"游魂"的回归。除了国际思潮变迁、国内政治经济等快速发展以及"新经学"学术研究的兴起等众多因素，还有以下内在发展的缘由。

第一讲　21世纪儒学：从"游魂"到"归魂"

首先，儒学回归有传统思想资源、历史经验、课程发展和实践案例的支撑

"理一分殊"是中国传统文化的重要思想资源。朱熹的"理一分殊"思想，在当代中小学课程整合的重要性日益凸显的背景下，对于探讨和选择合理的课程整合路径具有积极的借鉴意义。[①]传统经部的经典，在传统教育中就很难切分到具体的学科之中，比如《周易》，既是哲学，也是史学，也是文学，《诗经》《春秋》等无一不是如此。近代以来，受西方教育和学术思想影响，虽然经学被切分到文史哲、语言文字和各类社会学科当中，但坚守经学课程的整体性在民国历史上也是有先例的。笔者曾在《从张之洞、吴汝纶经学课程观看清末儒学传统的中断》[②]和《"西学未兴，吾学先亡"的进程、成因及演变——以清末民初中小学〈四书〉课程化为例》[③]两篇论文中探讨过

[①] 龙兴."理一分殊"视界下的课程整合[J].基础教育,2018(05)：27-35.

[②] 祝安顺.从张之洞、吴汝纶经学课程观看清末儒学传统的中断[J].孔子研究,2003(01)：73-85.

[③] 祝安顺."西学未兴，吾学先亡"的进程、成因及演变——以清末民初中小学《四书》课程化为例[J].全球教育展望,2021(09)：15-31.

儒学经典教育为何中断：本来儒学经典教育的历史发展具有多种可能性，只是后来民族独立压力过大，将多种传统经典传承的可能性压缩为彻底废除传统经典课程。历史发展不能假设，其中隐含的文化传承问题虽暂时退居次要地位，但总会以反复呈现的形式而让人们重新审视曾经选择的路。就具体问题而言，据陆胤研究，经学在近代教育体制确立与教学场合更替的过程中，面临着难以找到学科对应物、欠缺课堂教学可操作性等诸多困境。清末民初穿梭于新旧学界的孙雄早年肄业于江阴南菁书院，在黄以周等经师引导下治经，逐步理解"郑学"群经训、义体系的脉络。[1]近人马一浮也曾就国学的整体特

---

[1] 陆胤. 从书院治经到学堂读经——孙雄与近代中国学术转型［J］. 学术月刊，2017(02)：163-178. 陆胤认为，不同于移自外来典范的"修身伦理"，《癸卯学制》占用中小学堂大量学时的"读经讲经"，完全是中国本土的创造。它既非旧式学塾经训诵读的延续，更不同于南菁等经古书院的"专门治经"，而是在外来政学压力和自身国族意识萌发的背景下，为凝聚近代国家认同而发明的一套教养模式。问题的焦点，已不在经学内部的细枝末节，而是经书整体的保存延续；其难点则是如何"简要"，在最短时间内使人获得中学之"体"，又不致妨碍西学大"用"的发挥。

征，指出治国学先须辨明四点。①

现代教育学者认为，新读经运动与新课程改革几乎是并行发展的。中国现代课程体系，建立在西方学术范式之上，从而导致了文化上的迷茫，这反映了中国现代教育面临的双重困境：既不能有效地培养出具有深厚文化底蕴的现代人，也难以塑造出具备创新精神的现代人才。现在，除了利用知识资源进行新的课程设计，还可以将中国文化经典以完整、连续和系统的方式融入现代课程，构建成为综合性的中国文化课程，这或许是一种可行的结构优化方案。②儒学经典文化课程是一门独具特色的中国文化课程，

---

① 马一浮. 泰和宜山会语 法数钩玄［M］. 武汉：崇文书局，2019：9. 马氏是以六艺也就是六经为国学的统摄，可谓纯粹以儒学经典为国学的核心内涵，他所说的国学四点特征也就是儒学经典课程的特征："一、此学不是零碎断片的知识，是有体系的，不可当成杂货。二、此学不是陈旧呆板的物事，是活鲅鲅的，不可目为骨董。三、此学不是勉强安排出来的道理，是自然流出的，不可同于机械。四、此学不是凭藉外缘的产物，是自心本具的，不可视为分外。由明于第一点，应知道本一贯，故当见其全体，不可守于曲。由明于第二点，应知妙用无方，故当温故知新，不可食古不化。由明于第三点，应知法象本然，故当如量而说，不可私意造作，穿凿附会。由明于第四点，应知性德具足，故当向内体究，不可徇物忘己，向外驰求。"

② 于述胜，刘继青. 中国现代课程改革的文化问题论纲［J］. 当代教育科学，2005(19)：15-19.

类似于传统知识分类体系中的"经部",也就是统领其他知识的经学。其内涵是天人关系、心物关系、人禽关系、群己关系、身心关系等众多与人有关系的实践学问。儒学经典教育就是要凝聚和传承中华民族持久的价值共识,它是所有分科知识的母课程,是立德树人的源头活水。不管学术界、教育界、文化界对儒学经典教育是持有赞成、反对还是居间立场,其实在20世纪90年代兴起的读经运动中已经出现了新的发展和突破,如北京四中、复旦附中、广州天河区五山小学、贵阳清镇一中等学校的案例。

其次,儒学经典是传统文化教育内容遴选的最大公约数

中华文明具有独特性与完整性,以儒释道经典为主体的中华经典在其中占据着极其重要的地位。然而,在面向大中小学师生的当代中国教育体制下,中华经典教育的课程内容选择必然受到历史与时代因素的制约。第一个角度,从当代全世界教育制度下的课程内容来看,禁止宗教经典进入课程是大多数国家的要求,所以佛教、道教的经典不适合选入。第二个角度,从高等教育、中等教育和初等教育积极育人的一贯性要求来说,一部分带有偏颇性意向和消极思想的学说经典也不会被选择。第三个角度,从历史传承的视角,儒学经典教育的本质是一种全面渗透到中国

第一讲 21世纪儒学：从"游魂"到"归魂"

传统社会的人文教化，儒学经典不仅是中国传统社会各类教育的必读书目，也是学术研究的核心文本，更是中华优秀传统文化教育的核心内容，对儒学经典进行创造性转化和创新性发展对构建中华优秀传统文化课程和教材体系至关重要。由此，当下如果要构建21世纪中华经典课程和教材体系，传统经典的选择以儒学经典为主是合乎历史和时代发展要求的。

如果中华经典的当代学习者是社会成人和大学生，那么他们是具有自学能力和自我判断力的，可以自由选择各类经典，但他们都无法忽视儒学经典的客观存在。由于儒家经学是传统学术的核心，因此它具有笼罩性与渗透性的影响。儒家子学思想亦是中华思想中的大流派，其他流派很难不与之产生交集，在史部和集部的经典作品中，儒家思想也随处可见。倘若学习者是接受中等教育的青少年，因其价值观尚不稳定，他们无法作出清晰判断并独立承担相应后果，所以还是应以强调责任、积极上进的儒学经典为主。在教学中可涉及其他思想流派的经典内容，但是须在教师或家长的辅导下有序开展。如果学习者是接受初等教育的少年儿童，由于其世界观、社会观和人生观都还处在待确立阶段，无论古今中外的教育，都以确立榜样、树立正确的观念思想为主,此时需要以儒学经典为主,传统的蒙学教育如此,现代的经典教育也理应如此。从最大公约数考虑,为了夯实基础教育的经典基础,儒学经典作为中华经典教育的核心文本是底线和共识。

第三,首选儒学经典是近代以来众多学者的共识

在历代学者对读经对象的讨论中,儒学经典始终是被纳入大众传播的主体内容中的。梁启超、胡适、钱穆乃至鲁迅都开列过关于国学经典的青年读书书目,其中梁启超说:"今再为拟一真正之最低限度如下:《四书》《易经》《书经》《诗经》《礼记》《左传》《老子》《墨子》《庄子》《荀子》《韩非子》《战国策》《史记》《汉书》《后汉书》《三国志》《资治通鉴》(或《通鉴纪事本末》)《宋元明史纪事本末》《楚辞》《文选》《李太白集》《杜工部集》《韩昌黎集》《柳河东集》《白香山集》,其他词曲集,随所好选读数种。"①又说:"《论语》为二千年来国人思想之总源泉,《孟子》自宋以后势力亦与相埒。此二书可谓国人内的外的生活之支配者。故吾希望学者熟读成诵,即不能,亦

---

① 梁启超. 饮冰室书话[M]. 北京:时代文艺出版社,1998:207.

须翻阅多次，务略举其辞，或摘记其身心践履之言以资修养。"① 以四书为儒学经典之首是梁启超首推的，也是20世纪中国大多数学者在面对大众时所达成的共识。钱穆认为中国人必读的九部书，"四书"在其中；朱自清的《经典常谈》，不仅看重经典，也如实指出了"四书五经"的重要地位；当代学者楼宇烈的"三玄四书五经"的推荐书目中，儒学经典更是占据绝对地位。

儒学经典是当代经典教育中的首选内容和核心内容，这是众多学者的共识。牟钟鉴提出，"要打破传统的经学框架"，"经典"指的是"文化要典"，"学校中的经典教育可以根据青少年的年龄和文化程度分阶段由浅入深地实施，四书、五经、老、庄、荀、韩逐步列入，或设立国学课，或由道德文学、历史、哲学课分别承担，要组织专家编写课本，但应以解说原典为主"②。教育学者郭齐家指出，所谓"文化经典"，则是对于某个文化传统而言的最具权威性的著作，这在我们中国文化中就是指儒家的四书五经

---

① 梁启超. 饮冰室书话［M］. 北京：时代文艺出版社，1998：253.

② 牟钟鉴. 经典教育是振兴传统文化的基础工程［J］. 中华文化论坛，1994（01）：14-15.

（或《十三经》），道家的《老子》(《道德经》)、《庄子》(《南华经》)，墨家的《墨子》，兵家的《孙子》，法家的《韩非子》，医家的《黄帝内经》，佛家的《心经》《金刚经》《坛经》，史家的《史记》，等等。①教育学者刘良华认为，倘若读经，宜以"四书五经"为主，因为"四书五经"长期代表中国文化的主流，已经成为中国传统文化的灵魂；同时也需要辅之以《老子》《庄子》《黄帝内经》《金刚经》《心经》《坛经》《管子》《商君书》《韩非子》《史记》《资治通鉴》《近思录》《传习录》唐诗宋词元曲以及欧美文化经典。在时间和精力有限的前提下，并且不得不考虑主课和副课的关系时，那么还是需要以"四书五经"为主课或核心课程。②传统文化教育研究专家徐梓提出，小学学段应以传统蒙书和古典诗词为主要学习内容；在初中学段，可以选读"四书"和诸子；在高中学段，可以选读"五经"与历代文学作品中的名篇。③

---

① 郭齐家. 少儿读经与文化传承［J］. 湖南科技学院学报，2005（01）：49-52.

② 刘良华. 关于读经教育的建议［J］. 上海教育科研，2016（10）：1.

③ 徐梓. 中华优秀传统文化教育十五讲［M］. 北京：北京师范大学出版社，2018：74.

第四，儒学经典是民间读经、经典诵读和经典教育的主体内容

随着20世纪90年代国学热的兴起，有关经典的遴选和范围又出现了一次全新而具体的讨论。中国的经典著作主要有儒家的经典著作、优秀的古诗文和广泛流传的古代蒙学读本。① 上述经典对象逐渐摆脱"常常被看作圣人的所言所著"的经典，如《大学》《中庸》《老子》《论语》等，甚至有经典教育实践者将其进一步扩展到《三字经》《弟子规》《史记》、唐诗宋词、四大名著，进一步推展到中国武术、茶道、书法、汉字和民俗等范畴。② 然而就民间读经、经典诵读和经典教育开展的内容而言，儒学经典仍然是核心内容。

王财贵认为经指"永垂不朽的著作"，经典分为四个层次：第一层是四书：《论语》《孟子》《大学》《中庸》；第二个层次是《周易》《诗经》《老子》《庄子》；第三个层次是文艺作品：古文、唐诗、宋词、元曲；第四个层次是

---

① 张永妮.当前推广少儿经典教育存在的问题及应对策略[J].教育现代化,2019(51):246-248+251.
② 王丽荣,刘晓明.传承中国智慧,创新经典教育[J].教育科学研究,2018(12):30-33.

蒙学读物：《三字经》《百家姓》《千字文》《弟子规》《幼学琼林》等。王财贵认为只有第一、第二层才是真正的经典。

蒋庆认为："所谓'经'，就是最初由孔子整理编定的、继而由诸大儒阐发撰述的、在中国历史文化中逐渐形成的、体现'常理''常道'的、被历代中国人公认享有神圣性与权威性的、具有人生理想教育功能并在中国历史上长期作为课本教材的儒家诸经典。"其主编的《中华文化经典基础教育诵本》包含《孝经》《诗经》《书经》《礼记》《易经》《春秋经》《论语》《孟子》《大学》《中庸》《荀子》《春秋繁露》《中说》《通书》《近思录》《二程遗书》《象山全集》《朱子语类》《朱子大全集》《传习录》《阳明全集》。蒋庆对经的范围界定明显比晚清学制扩大了，内容几乎贯穿了整个儒家思想史，但又比王财贵认为的经典范围小。①

20世纪90年代中期"中华古诗文经典诵读工程"出版了12册《中华古诗文读本》，每册都有《论语》《孟子》等儒学经典的选篇。

---

① 颜峻.当代读经风潮的反思［J］.全球教育展望，2016(09)：85-91.

第一讲 21世纪儒学：从"游魂"到"归魂"

在甘肃某所伏羲学校里，"一年级为《三字经》《千字文》《弟子规》《声律启蒙》，唐诗、宋词、元曲。二年级为《幼学琼林》《孝经》《诗经》节选；三年级为《论语》，四年级为《大学》《中庸》《礼记》（节选）、《尚书》（节选）、《周易·系辞上》《左传》（节选）、《孟子》（节选）；五年级为《道德经》《庄子·内篇》《列子·汤问》《管子·弟子职》《孙子兵法》（节选）、《墨子》（节选）、《荀子》（节选）、《韩非子》（节选）等，六年级为《中华美文》先秦到隋37篇，唐到清39篇"①。

在地方必修课程方面，以2016年山东省教育厅公布的山东省《中小学中华优秀传统文化课程指导纲要（试行）》为代表，在课程设计方面，"本课程以中华优秀传统文化经典为主要教学内容。其中，儒学经典所占比例不低于60%；在儒学经典中，'四书五经'所占比例不低于60%。对格言、章句，要有精准的注释、翻译；对选读的书目，需有精辟的导读、必要的注释。在格言、章句、书目选读之外，辅之以相关的人物、事件、故事等"。学段课程内容方面：

---

① 杨东平.现代教育的目标并不是复制古人，而是培养现代中国人——也谈少儿读经和国学热[J].上海教育科研，2016（12）：5-8.

"小学阶段以儒学经典及蒙学经典中的格言、章句诵读为主。""初中阶段课程要重视儒家文化的系统性,让学生初步系统感知中华传统美德。在内容体系上,以仁、义、礼、智、信'五常',或孝、悌、忠、信、礼、义、廉、耻'八德'为道德纲目。""高中阶段课程要对优秀传统文化经典进行系统研读、反思。"①

由此可见,当代人对"经典"的理解已跳出"旧经学"的范畴,扩大了对象并增添了新内容,这已然成为一种共识。然而,就上述各类专家学者以及教育实践者所认可的经典范围而言,"四书五经"仍是普遍认可的基本经典文本。所以,当代经典教育既要突破过去旧经典教育的范围,增加经典教育的内容选择对象,又要精心维护共识中的儒家核心经典地位,使之保持稳定。

四、儒学经典归来的必要性和可能性

21世纪前的中国近现代教育发展主要移植日本、欧美和苏联教育的模式。然而,如今我们既要持续关注西方的

---

① 中小学中华优秀传统文化课程指导纲要［EB/OL］. http://edu.shandong.gov.cn/attach/-1/1809252117264608242.docx.

第一讲 21世纪儒学：从"游魂"到"归魂"

教育模式、经验与理论，更要重视中国本土文化的需求，着力解决教育学中国本土化的问题。1900年以来，儒学经典在学校教育、家庭教育和社会教育中节节败退，但这并不意味着儒学经典教育没有在个别地区、个别学校、个别家庭中开展。除了中华民国发展初期随着帝制复辟、军阀上台而带来的儒学经典教育的短暂重现，20世纪20年代到40年代无锡国学专修学校，北大、清华等高等院校的国学教研机构，中国台湾地区从1954年开始的《中国文化基本教材》实践，香港新亚书院的开办，特别是1991年以来，在中国大陆各级各类学校开展的儒学经典教育实践，这些虽不是宏大历史事件，却为儒学经典教育再出发提供了丰富的、生动的理论成果和实践案例，值得认真总结和借鉴。

2010年之后，以校本教材、地方教材为主体的经典教育逐步开展，其教育内容、方式、目标、课时、教材、师资等已进入理论研究和实践探索的新阶段。这种转变是整个当代中国整体转变的一个缩影，其核心是人文社会学科、课程和教材建设的民族化问题，是如何从西方"拿来"到融合中外乃至重建中国特色的人文社会学科、课程和教材，是中华优秀传统文化的思想、精神和话语从边缘到重新回归、重建的具体呈现。

首先,儒学归来是中西古今之争在当下的持续,是当代中国对走出现代性困扰的一次新探索

清朝前期,从康熙皇帝与罗马教皇的"礼仪之争",以及乾隆时期的"马戛尔尼使团"事件中可以看出,中西文化之争已经难以避免。在当下的民间读经、经典诵读和经典教育中,其实也突出呈现了教育领域的中西、古今之争。"中国的经典教育中体现的不仅仅是自身的古今之争,也是中西之争,以及西学背后的现代道路之争和西方古今之争。""中国传统文化和经典名著在全球化、现代化、西方化背景下如何与其他文化和文明相处并体现在教育中?这是一个新问题,但也是一个重要而核心的老问题。"[①]如果在一定程度上承认"西方文明的本质可以概括为一个'争',中华文明的本质可以概括为一个'和'字"[②],那么,一个"食肉动物"的族群与一个"食草动物"的族群如何和平共处,这一直是摆在中华民族面前的生存极限挑

[①] 王晨.西方经典教育的历史、模式与经验——以美国为中心的考察[J].教育学报,2012(01):19-27.

[②] 汪国风.中华文明的起源与特质——创生与融合的文明[J].天津师范大学学报(社会科学版),2005(01):34-40.

第一讲 21世纪儒学：从"游魂"到"归魂"

战问题，处理得好，是中华民族的智慧胜利；处理不好，则会带来严重后果。另外，中西文化在明清以来尤其是近代以来的相互交流中，却存在着文化交流的误区，最典型的就是中国"龙"翻译成西方的"dragon"，其造成的错误感知可能在短期内无法抹平，中西文化在交流融合的过程中，还必须进行深度纠错。①

一百多年前，梁启超在《欧游心影录》中表达了中西文明互补，甚至以中补西的希望："我希望我们可爱的青年，第一步，要人人存一个尊重爱护本国文化的诚意；第二步，要用那西洋人研究学问的方法去研究他，得他的真相；第三步，把自己的文化综合起来，还拿别人的补助他，叫他起一种化合作用，成了一个新文化系统；第四步，把这新系统往外扩充，叫人类全体都得着他好处。"②一百多年过去了，今天重新思考梁启超的建议会发现，其实我们第一步可能就没有走好。

随着现代性的到来，现代人要革传统文化的"命"，

---

① 彭林.中华本位文化的重建与认同[J].人民论坛，2019（36）：134-135.

② 梁启超.欧游心影录[A].饮冰室合集·专集23[Z].北京：中华书局，1989：9.

把经验的、精神的和心理思维的文化传承完全阻断，以凸显现代性的要素。但追求同质性的现代性文化广布之后，文化认同的需要同样强烈，这是全球化背景下的地域文化传承发展的内在动力。石勇认为，"文化认同"已成为全球性的话题，中国的"现代性焦虑"有所消退，"文化认同"的焦虑则日渐强烈。"国学热"和"传统文化热"，民间和官方"祭孔"，似乎有利于儒学的传播，却遭遇消费社会下已被"现代性"所编码的中国人的心理结构的挑战。这一挑战来自人们的存在方式——"无我化生存"。"无我化生存"的人是高度社会化和物质化的人，倾向于把一切都化为消费与时尚的狂欢，这使儒学的传播陷入了困境。①

语文教材的去经典化，Q版教材的热销也是另外一种纷争。教育界最终没有接受这种轻便化、娱乐化的教材，因为"对一个社会、一个民族而言，缺乏某些一致的价值观念与某种共同的精神，就失去了维系这个社会或民族的精神支柱。缺乏向心力的社会与民族是一盘散沙，无法凝

---

① 石勇.儒学遭遇的当代挑战［J］.读书，2007（12）：59-62.

聚民心与民力"①。虽然面对大众阅读需求的转变，经典越来越边缘化，但"对经典造成真正挑战与威胁的则是来自于新时期的大众文化。……大众文化，本质上是一种去经典的文化，受其影响所形成的大众阅读，对经典形成了严重挑战。……从文化生产的角度来分析，大众文化其实乃是一种特殊的商品"②，所以，经典教育必须有效化解商品化、娱乐化的诱惑，这是经典教育在市场经济下遇到的现实挑战。

其次，儒学在教育领域的突破性进展是儒学归来的集中体现

儒学教育、读经教育、传统文化教育、经典教育偏向于本民族文化在教育中的渗透，人文教育、通识教育、全人教育、古典教育都是在欧美教育发展过程中出现而后引进到中国教育中的，但两者都是中西方学者站在现代社会的立场，在当代教育快速发展并在普及教育基本实现之后的一种教育反思，其主题就是如何成就一个完整的"人"，

---

① 杨启华. 不能承受之重与不能承受之轻——从Q版语文的热销与禁售说起[J]. 当代青年研究，2007(06)：22-25.

② 詹福瑞. 大众阅读与经典的边缘化[J]. 复旦学报(社会科学版)，2014(06)：121-135.

尽管名称不一致，出现的时间点也有先后，但都是当代教育对作为"人"的教育的不断反思和总结。由于中国教育中缺乏宗教教育的背景，上述教育思潮总会或多或少，或强或弱地冲击着中国当代大中小学教育的神经，但没有哪一种教育思潮能较好地弥补中国当代教育中人文教育的不足，这是我们首先必须坦然面对的中国当下人文教育的现实和困境。中国当代教育毕竟有中国自己的传统和特色，所以会有自己的问题。从中国教育传统和文化传统来看，经学传统影响下的经典教育应该成为中国教育的核心部分，是"人"的教育的基础，尽管这种发源于经学教育的经典教育还需要深入挖掘，重新阐发，重新设计。而儒学"游魂"归来就是在这样的大教育思潮背景下的结果，这是此次儒学复兴作为教育主体内容的体现，是本次儒学经典教育发生的历史转折。

第三，儒学归来是对现有教育制度、教育思想的集中反思

专业教育是学科分化后的带有职业准备的现代教育的主体部分，垄断了高等教育的全部，在中小学表现为各类学科课程的设置。专业教育是极其必要而高效的人才培养模式，但是过度的专业教育却对"人"的教育构成威胁，

需要通识教育的补充。①经典把握的是永恒，专业不过是因时代精神而生，要使不同时代的精神得以前后相续，就需要永恒经典的一以贯之。经典就是教育本身。教育的本性在于人，教育即成人。据此，经典教育要先于专业教育，意味着经典教育在时间上要先于专业教育。②"全人"概念是基于"半人"概念提出的，也是专业教育走向通识教育和专业教育相结合的产物。③更有学者指出，古典教育与技能教育之间的矛盾是贯穿整个西方教育制度史和教育思想史的一对基本矛盾。文艺复兴以来，古典教育模式受到了现代性即教育的大众化和实利化的挑战。④教育，作为一种以传承知识、训练技能、训练道德、人格养成的制度化的社会活动，始终与人的养成相始终，始终脱离不了培养什么人的目标。"教育究其实质乃是一种文化的传承与创

---

①陈向明.对通识教育有关概念的辨析［J］.高等教育研究，2006（03）：64-68.

②陈高华.经典就是教育本身［J］.湖南师范大学教育科学学报，2014（02）：5-7.

③唐少清.全人教育模式的中外比较［J］.社会科学家，2014（12）：110-118.

④程广云，夏年喜.通识教育之反思与构想［J］.首都师范大学学报（社会科学版），2014（01）：124-130.

造的活动，经典教育无疑是文化传承与创造的典型教育范式。""无论叫做素质教育、人文教育，还是叫做自由教育、通识教育、博雅教育，又或者是在高校实施的国学班，在民间推行的读经运动，都有一个共同之处，那就是，通过经典来进行教育。"[1]从教育的核心载体来说，经典才是这一类以"人"为教育目的的不可或缺的、具有丰富性和具有启迪性的恒久而伟大的教育读本；为丰富世界文化的多样性，基于传承民族传统特有的思想文化的视角，有效的方式是深入理解和活化传承经典。而在中华优秀传统文化中，儒学经典是在历史和现实发展中形成的经典内容遴选的最大公约数，是教育底线的选择，是民族文化的共识。

第四，重新确认儒学经典课程同现有分科课程的关系是化解儒学经典课程化的一个突破口

在当代教育体系中，儒学经典教育的课程化问题尤为突出，特别是在基础教育阶段，其合法性和合理性备受关注。面对西方近代教育制度和学科制度的全球性影响，以及中国教育体系对欧美教育模式的借鉴，探讨儒

---

[1]《湖南师范大学教育科学学报》2014年第2期的"经典教育笔谈"中"按语"。

学经典课程与现代学科化课程之间的关系成为解决课程化问题的关键。儒学经典课程与现代分科课程之间是何种关系？是继起替代关系还是平行共生关系？是渗透融合关系还是异质冲突关系？抑或辐射关系？这一问题自明朝中后期开始萌芽，至1860年后迅速发展，并在1895年后引起广泛关注。中西、古今、新旧学术的冲突与融合，在近现代史上尤为显著，而在教育课程化方面的体现则更为明确。

若两者之间存在继起替代关系，即传统课程的自然消亡与新课程的相继发展，类似于自然界中的新陈代谢过程，那么儒学经典是否应纳入课程体系的问题将不复存在。然而，近现代中国历史的发展并非自然演进，而是受到外来势力的强制干预，整个社会的发展进程带有明显的非自然性，因此儒学经典课程被现代分科课程所取代，并未是经历了内在的自然过渡阶段。故儒学经典课程化进程的停滞并非历史发展的自然继起替代。

在近现代中国教育发展史中，儒学课程与现代分科课程之间的关系表现为一种冲突性，二者似乎难以实现兼容。这种观点在众多学者的显性或隐性认知中占据主导，尤其是在新文化运动时期，主流学者更是坚决主张废除儒学传统。哲学思想史上的科玄论战，语言文字领域中的文白之辩、繁简之争，以及道德观念上的新旧冲突，实际上均反映了去儒学化的历史趋势。然而，随着中国现代化进程的推进以及对欧美现代文明认识的深化，人们对于文化多元化和民族文化传承发展的认识愈发明确。因此，如果继续以一个世纪前那种激进方式来界定儒学经典课程与现代分科课程的关系，那么不仅是在认知上犯了以偏概全的错误，而且与中国历史发展的实际情况不符，也与世界一体化进程的要求不相适应。

若将儒学经典课程与现代分科课程视为并行共存的关系，两者虽可并行不悖，但在当前教育实践中，中小学生的学业压力持续增加，课程时间分配成为教育行政机构与学校管理者亟待解决的难题。鉴于儒学经典课程内容的丰富性，其教学需要占用较多课时。此外，若将儒学经典课程纳入量化评价体系，通过考试成绩来衡量教学效果，这将不可避免地使儒学经典课程陷入以分数为导向的教育困境。

确认儒学经典课程与现代分科课程之间的渗透融合关系，已成为中国教育行政部门及教研人员的共识。当前，众多中小学校基于此认知，致力于优秀传统文化的教学实第一讲 21世纪儒学：从"游魂"到"归魂"

践，其核心在于以中华优秀传统文化的知识体系及技能培养，置换现代分科课程中相应的知识与技能训练。该模式具有较高的操作性，然而，它是否能够实现预期的教育目标，尚需通过深入的教学实践来验证。

本书认为，儒学经典课程与现代学科化课程之间存在一种辐射性关系，类似于太阳与自然界生物生长之间的联系。太阳的出现为植物提供了进行光合作用所必需的光照，进而促进了植物的生长；植物为动物提供了能量来源，动植物又为人提供了能量，从而形成了一个完整的生态系统。尽管太阳并非生态系统中的生物，生物也无法取代太阳，但它们之间存在着一种相互滋养的动态平衡。将经典课程与分科课程的关系比作太阳与生物的关系，或许更为贴切：经典课程犹如阳光，是推动生物持续生长的源泉，但它本身并不能替代生物的生长过程，也不能取代生态系统中的其他组成部分。然而，如果缺乏太阳，生物便无法生存。通过这种类比，我们能够更深入地理解经典课程的不可替代性及其设置的必要性。实际上，儒学经典课程塑造了参与课程的教师和学生，对他们的教学态度、教学关系和教学方法产生了间接的影响，一个优秀的课程教学应当是教师与学生之间文化共识、思维共振、价值趋同和意义共享的体现。从这一视角出发,在中国本土开展具有中国特色的教育,同时适度、合理且便捷地融入具有中国文化特色的经典课程教学,不仅有利于课程教学的顺利进行,而且对于师生的全面发展具有至关重要的意义。

第二讲

构建儒学经典课程体系的历史新机遇

第二讲　构建儒学经典课程体系的历史新机遇

　　今天的中国是传统中国在当下的发展与延续，因此，构建以儒学经典为核心的中华优秀传统文化课程体系，推动中华优秀传统文化传承创新，具有重要的时代意义和未来价值。中华优秀传统文化是新时期文化传承发展的重要源头，迫切需要通过系统化的内容选择和课程建设加以推进其发展。构建贯穿国民教育各个阶段的中华优秀传统文化课程和教材体系，可以打破学习者阶层、年龄、地域、性别等限制，极大提升国民的文化自信，激发民众的文化创新力，所以，构建中华优秀传统文化课程体系，其本质就是一项重大的文化普惠工程。

　　教育部在《完善中华优秀传统文化教育指导纲要》中指出："中华优秀传统文化教育还存在不少突出问题……教育内容的系统性、整体性还明显不足，重知识讲授、轻精神内涵阐释的现象还比较普遍，课程和教材体系有待完善，教师队伍整体素质有待提升。"2019年3月，教育部在《加强和改进中小学中华优秀传统文化教育工作方案》中指出：

在国家、地方和学校的共同努力下，中华优秀传统文化教育取得了一定的成效。但是，目前仍然存在着一些亟待解决的问题：一是内容安排系统性不够，存在碎片化倾向；二是教育教学活动注重外在形式，表演色彩比较浓，修身、践行不到位；三是保障措施不健全，特别是缺乏专业化的教师及有效的评价激励机制，影响了政策措施的落实。可见两个文件关注的难点存在高度一致，比如：学习内容如何从碎片化形成体系化，学习效果如何从外在表演到内在体验并最终落实到日常行为中，传统文化教师如何从兴趣型过渡到专业型，评价激励机制如何有效形成等，这些都是中华优秀传统文化课程体系构建的"老大难"问题。当前，正是破解这些问题的关键时期。

一、构建传统文化课程体系的转折点

首先，在构建主体方面，从中国台湾地区转到中国大陆地区

自20世纪50年代起，我国台湾地区进行了一轮国学教材建设和实践的探索。1954年，《中国文化基本教材》在台湾地区的师范学校中使用，1956年在高中推广，成为必修课程。1968年，根据陈立夫主编的《四书道贯》而编成的《中

第二讲　构建儒学经典课程体系的历史新机遇

国文化基本教材》推出，分格物、致知、诚意、正心、修身、齐家、治国、平天下8篇归纳讲解"四书"，台湾地区国学教材有了系统化的初步建设。1971年，台湾地区"教育部"又增设《国学概要》，主要为文字学常识以及经学、史学、子学、集部概要，《中国文化基本教材》和《国学概要》成为台湾地区中学生的国学必修教材。但2008年之后，由于台湾地区民进党实施"去中国化"，《中国文化基本教材》改名为《论孟选读》，课程从必修课改为选修课，后来虽有台湾地区国民党执政时的努力改变以及民间人士的抢救性呼吁和行动，但台湾地区中华文化课程体系构建的实践探索却困难重重。中国大陆自从20世纪90年代以来兴起了"读经热"，再加上教育部《完善中华优秀传统文化教育指导纲要》的颁发、2016年山东省教育厅地方教材建设以及2017年中共中央办公厅、国务院办公厅《关于实施中华优秀传统文化传承发展工程的意见》的印发，已经明确将优秀传统文化教育从个别学校转到各级各类学校，构建中华优秀传统文化课程体系的重任已从台湾地区转到大陆地区。

其次，在发展阶段方面，从全民自发实践探索转到课程理论总结

20世纪90年代中期掀起的海峡两岸"读经现象"至今

方兴未艾，引人瞩目。"读经现象"的兴起表明，此次中华优秀传统文化学习热潮具有群众性、自发性和探索性，自2012年以后，关于中华优秀传统文化的各类理论研究和教材建设在逐步加强，并已进入理论总结阶段。

1. 各类型、各层次的课题研究逐步开展，研究论文发表数量逐年递增。据中国知网检索，从2012年到2019年10月，以"传统文化教育"为关键词，一共检索到479篇相关论文。从发表年份来看，2019年130篇，2018年81篇，2017年76篇，2016年59篇，2015年56篇，2014年40篇，2013年18篇，2012年19篇。从整体来看，论文发表数量逐年递增，尤其是2019年的前10个月，与2018年全年发表论文数量相比，有60%以上的增长。从学科来看，高等教育170篇，中等教育95篇，职业教育63篇，初等教育46篇，教育理论与教育管理42篇，学前教育16篇；跟教育相关的有432篇，占整个检索到的篇目总数的90.2%，其他如文化学31篇，中国语言文字9篇，占比较小。从基金资助课题来看，一共有49项，其中，国家层面的有国家社会科学基金5项、全国教育科学规划课题4项、中央高校基本科研业务费专项资金1项，占20.4%，其他为省级课题，江苏9项，甘肃6项，北京5项，安徽、陕西各3项，湖

第二讲　构建儒学经典课程体系的历史新机遇

南、福建、湖北各2项，河南、广西、重庆、黑龙江、河北、四川、吉林各1项，涉及15个省级地区，共39项，占79.6%，江苏、甘肃、北京分列前三，占39项的51.3%。从研究层次来看，基础研究（社科）226篇，基础教育与中等职业教育75篇，行业指导（社科）54篇，高等教育18篇，政策研究（社科）9篇，基础研究占大多数。从发表论文作者来看，发表4篇以上的有一位，发表3篇的有4位，发表2篇的有22位，这说明已经有学者在长期持续从事此项研究。从研究机构来看，师范类大学占绝大多数，其中，北京师范大学13篇排在首位，陕西学前师范学院5篇排在第二位，北京教育科学研究院、华中师范大学、曲阜师范大学、北京教育学院各以4篇并列第三位。

2. 中华优秀传统文化教育专题性研究著作陆续出版，研究问题不断深入。2011年2月，由人民出版社出版的李申申等合著的《传承的使命：中华优秀文化传统教育问题研究》，从文化界定、20世纪以来中国传统文化的历史发展、弘扬优秀传统文化的必要性和紧迫性、当前的成功经验与不足、优秀传统文化的精华、优秀传统文化教育的有效路径等方面，对中华优秀传统文化的传承与教育做出了初步的总结和探究；2012年10月，由学习出版社出版的张岂之主编的《中华优秀传统文化核心理念读本》，从天人之学、道法自然、居安思危、自强不息、诚实守信、厚德载物、以民为本、仁者爱人、尊师重道、和而不同、日新月异、天下大同等方面，对中华优秀传统文化核心理念做出了从史料整理到评析概括的深入研究；2018年12月，由北京师范大学出版社出版的徐梓著述的《中华优秀传统文化教育十五讲》，则从读经问题、社会意义、学术意义、基本内容、原则与方法、乱象与问题、课程建设、教材建设、教师发展、经典解读，以及当代私塾与传统私塾、古代蒙学和传统书院的现代意义等方面对中华优秀传统文化教育所涉及的理论与实践进行了全方位的教育解读；2019年5月，由社会科学文献出版社出版的杨东平主编的《中国传统文化教育发展报告2018》，则通过文献研究、田野调查、问卷调查等方法，对20世纪90年代以来的中国传统文化教育的现状、处境和面临的问题，进行了全面案例调研与系统的分析研究。

3. 校本教材和地方教材不断推出，呈现出全面开发的探索现状，同时，传统文化师资培训也在不断开展。从学校方面来说，复旦大学附中语文组编写的以《中国人》为核心的校本传统文化教材、广州天河区五山小学许凤英校长

第二讲 构建儒学经典课程体系的历史新机遇

主编的《少儿国学读本》、北京东城区史家小学与中国国家博物馆合作编写的《中华传统文化——博物馆综合实践课程》，堪称中学和小学阶段传统文化校本教材的典范。《少儿国学读本》全6册，既有主题性的诵读文本，也有全本经典的诵读文本；既有零散时间的诵读，也有校本课堂的教学。经过十几年的打磨，初步形成了教学科研体系。《中华传统文化——博物馆综合实践课程》由8册学生用书和4册指导用书组成，内容以国博馆藏精品为依托，分为"说文解字""美食美器""服饰礼仪""音乐辞戏"4大主题32组教学内容，融合了语文、历史、地理、天文、生物、科学、音乐、舞蹈、美术、书法、体育等多学科知识。从出版社层面来看，中华书局先后出版了以《中华文化基础教材》系列为代表的各类校本教材7套计100多册，人民教育出版社先后出版了2套传统文化读本，北京师范大学出版社先后出版了3套传统文化教材或读本，等等。从地方教材来说，湖北省教育厅、安徽省教育厅、陕西省教育厅、内蒙古自治区教育厅先后审查指定了多套地方传统文化教材或读本，尤其是山东省教育厅2008年就设立了传统文化地方选修教材，2017年又审核指定了9套贯穿小学到高中阶段的传统文化地方必修教材，将传统文化地方必修教材的建设和发展推到一个新的高度。随着校本教材和地方教材的逐步完善以及教材的使用，传统文化师资培训也在逐步加强，教育部、国家语委与江苏师范大学、西南大学联合举办了中华经典诵写讲骨干教师培训班，围绕经典诗文朗诵、汉字源流和演变、古诗文语词训释、格律诗吟诵、中华经典书写规范、经典解读路径与诠释方法、中小学诵写讲教育教学等问题开展培训；山东省教育厅为配合传统文化地方必修教材的实施，在省教科院下专门设置了传统文化教研中心，配置专职人员负责教材教学研究服务和师资培训工作；北京市海淀区教委创设海淀教育书院（即海淀敬德书院），专门面向海淀区中小学教师开展中华优秀传统文化专题培训，开创了传统文化师资培训的新格局。

第三，在知识传承方面，从知识点传承转到全面渗透，再转到课程和教材系统化建设

1902年以后，晚清政府推行近代学制改革，试图通过学科化设置保存中国传统的经史子集尤其是经学知识体系：一是高等教育阶段保留经学科大学，二是基础教育阶段，开设与传统文化有关的三门课——修身课、读经讲经课、中国文字课（高等小学堂改为中国文学课）。中华民国临时政府成立不久，蔡元培就任中华民国临时政府教育总

第二讲 构建儒学经典课程体系的历史新机遇

长，发布《普通教育暂行条例》废除小学读经科和经学大学科。随后，蔡元培提出："旧学自应保全。惟经学不另立为一科，如《诗经》应归入文科，《尚书》《左传》应归入史科也。"[①]他又说："普通教育废止读经，大学校废经科，而以经科分入文科之哲学、史学、文学三门，是破除自大旧习之一端。"[②]他在1935年的《教育杂志》读经问题专号中说："为大学国文系的学生讲一点《诗经》，为历史系的学生讲一点《书经》与《春秋》，为哲学系的学生讲一点《论语》《孟子》《易传》与《礼记》，是可以赞成的。为中学生选几篇经传的文章，编入文言文读本，也是可以赞成的。若要小学生也读一点经，我觉得不妥当，认为无益而有损。"[③]此后，中小学教材基本按照蔡元培的思路来编排，即将中华传统文化分科化、知识化，并在小学教育阶段取消其内容传授。

---

① 高平叔. 蔡元培全集（第二卷）[M]. 北京：中华书局，1984：159.

② 高平叔. 蔡元培全集（第二卷）[M]. 北京：中华书局，1984：264.

③ 高平叔. 蔡元培全集（第六卷）[M]. 北京：中华书局，1984：526.

教育部在《完善中华优秀传统文化教育指导纲要》中明确要求把中华优秀传统文化系统融入课程和教材体系中，提出："在课程建设和课程标准修订中强化中华优秀传统文化内容。围绕中华优秀传统文化教育的主要任务，适时启动课程标准修订和课程开发的研究论证、试点探索和推广评估工作。在中小学德育、语文、历史、艺术、体育等课程标准修订中，增加中华优秀传统文化内容比重。地理、数学、物理、化学、生物等课程，应结合教学环节渗透中华优秀传统文化相关内容。"教育部社会科学司负责人就《完善中华优秀传统文化教育指导纲要》答记者问时指出：在各学段的教学要点和教学任务中，力求做到三个"全覆盖"："一是学科课程全覆盖，将教育内容体现到德育、语文、历史、体育、艺术等主要课程中去；二是教学环节全覆盖，包括课堂教学、课堂外教学、家庭教育和社会教育；三是教育人群全覆盖，从小学一直到大学，整体贯穿中华优秀传统文化教育。"[1]

---

[1] 加强传统文化教育 增强青少年学生的民族文化自信和价值观自信——教育部社会科学司负责人就《完善中华优秀传统文化教育指导纲要》答记者问．辽宁教育［J］．2014（20）：44-46．

第二讲 构建儒学经典课程体系的历史新机遇

《关于实施中华优秀传统文化传承发展工程的意见》指出："围绕立德树人根本任务，遵循学生认知规律和教育教学规律，按照一体化、分学段、有序推进的原则，把中华优秀传统文化全方位融入思想道德教育、文化知识教育、艺术体育教育、社会实践教育各环节，贯穿于启蒙教育、基础教育、职业教育、高等教育、继续教育各领域。以幼儿、小学、中学教材为重点，构建中华文化课程和教材体系。"由此，中华优秀传统文化建设从学科融合渗透发展阶段转变到课程和教材体系建设阶段。

第四，在教材编写和出版方面，从校本教材到地方教材

教育部在《完善中华优秀传统文化教育指导纲要》中提出："鼓励各地各学校充分挖掘和利用本地中华优秀传统文化教育资源，开设专题的地方课程和校本课程。"其中，传统文化校本教材最为普遍，很多开展中华经典诵读的中小学都根据各自教学需要和实践经验，编写出了自己的校本教材，其中也不乏精品，产生了不小影响，有力地推动了中华优秀传统文化课程体系的构建。如复旦大学附属中学经过10多年的探索，形成了一套较为成熟的将优秀传统文化教育系统化、课程化的语文教育方案。教学成果《阅读"中国人" 书写"中国人"——彰显语文教育人文性的实践研究》，2014年获得国家级教学成果一等奖。黄荣华等老师主编的复旦大学附属中学校本系列教材，由《中国人》《中华古诗文阅读》（全六册）《中华根文化·中学生读本》（15种）构成。

地方教材的推出是在校本教材基础上的升级转换，是课程体系化的进一步探索。在这方面，山东省教育厅2016年9月公布的《中小学中华优秀传统文化课程指导纲要（试行）》具有标志性意义。山东省教育厅依据该课程方案发布《关于公开受理传统文化课程教科书报审的通告》，面向全国受理教科书申报，共有17家出版社报送了申请。山东省教育厅委托教育部基础教育课程教材发展中心组织专家进行了两轮审查，最终山东教育出版社等9家出版社15个版本的教材通过审查。这是由国家基础教育课程标准研制专家主持审查通过的全国第一套进入国民教育体系的中华优秀传统文化教材。2017年9月，山东省中小学全面启用中华优秀传统文化教材，成为全国第一个在小学、初中和普通高中三个学段全面开设中华优秀传统文化教育课程的省份。

山东省教育厅将中华优秀传统文化课程作为一门独立

的地方必修课程来开展,"山东省普通中小学中华优秀传统文化课程是一门以社会主义核心价值观为统领,以中华优秀传统文化经典为主要学习内容,以培育中小学生正确价值观、高尚情操和传统美德为主要目标的地方课程"。山东省地方必修传统文化教材的课程目标是对教育部《完善中华优秀传统文化教育指导纲要》的具体落实,同时结合本省实际情况,对学习目标进行了细化。

二、构建传统文化课程体系的关键点

在构建中华优秀传统文化课程体系的实践过程中,确定中华优秀传统文化课程的性质,是极其重要的理论预设和理论建设工作。这既是构建中华优秀传统文化课程体系理论共识的基点,也是构建中华优秀传统文化课程体系的关键点。具体包括以下几点。

首先,从历时性和共时性来说,必须明确中华优秀传统文化课是一门注重历史发展背后不变因素的转识成智课程

中华优秀传统文化课程体系的构建,就其知识关注对象来说,虽然时间上是1912年以前的知识体系和文化成果,空间上是古代中国所有物质和精神文化成果,但更需

要立足中华民族发展的当下和未来,因而其关注的重点是中华民族历史发展中已经呈现并将在现在、未来继续呈现的内在一致性。从理论上说,这种传统的内在一致性与社会主义的先进文化之间具有连续性、传承性、延展性,其核心内容是中华民族丰富的历史积累背后的稳定因素,集中表现为独特的、带有鲜明中华民族特色的精神内核、思维方式、审美方式和价值判断等。

这是中华优秀传统文化课程需要解决的核心问题。从这一点来说,历史学科是系统地关注中华民族历时性的具体问题;语文学科是以过去的语言文字为学科源头但对传统无须系统与深度关注;德育学科则关注当下社会的社会秩序和道德规范,以解决当下共时性问题为主;其他学科更是各有关注的重点。所以,传统文化课程是其他学科取代不了的当代人文转识成智的文化课,在当下中华民族的发展中,需要有一门超越时空的、构建社会普遍价值和提供生命意义的必修课程。

其次,从课程定位来说,必须明确中华优秀传统文化课是当代教育急需的人文化成课程

教育的根本任务是"立德树人",就是要培养德才兼备、人格完整的社会主义事业建设者和接班人。为此,就

第二讲　构建儒学经典课程体系的历史新机遇

必须有新的思路,应该有一门能传承和凝聚中华民族持久价值共识的当代人文化成课。这门课为立德树人提供"立"和"树"的过程和方法,以及"德"和"人"的具体内涵,也就是在分科知识学习和立德树人的至善目标之间提供教育的实践舞台,让"碎片化"的知识通过传统文化的习得转化为人的德性"养分"。

无论是《完善中华优秀传统文化教育指导纲要》中的以爱国主义为核心的家国情怀教育、社会关爱教育、人格完善教育,还是山东省《中小学中华优秀传统文化课程指导纲要(试行)》中的以中华优秀传统文化经典为主要教学内容,抑或《关于实施中华优秀传统文化传承发展工程的意见》中的核心思想理念、中华传统美德、中华人文精神,都重视对中华优秀传统文化知识和技能的学习,但传统文化课程又不可能以知识积累和技能训练为根本教学目标,而要以解决中华民族和人类面临的各类问题为出发点,对中华优秀传统文化进行创造性转化、创新性发展,最终让学生得到美德的传习、民族思维的训练、价值取向的引领、人格塑造的完善。所以我们亟须开设一门围绕立德树人这一当代教育根本任务的课程,以传统文化核心理念、传统美德、人文精神的分类主题为教材单元,按照历史与文化相统一的原则在单元教学中设置情境,拓展学生的认知理解、审美体验、内在体验、主体价值选择等,以引导学生修身践行。

第三,从课程特征来说,必须明确中华优秀传统文化课是具有鲜明中国传统教育特色的全人开发课程

以表意文字为入手的识字教学,以天文、地理、人文等为主的常识教育,以礼、乐、射、御、书、数"六艺"为主的智、仁、勇养成教育,以"达则兼济天下、穷则独善其身"为志业的读经讲经教育,辅助以写作为主的兼顾经世致用的科举选拔制度,历经两千多年不断发展,确立了较为有效解决人才养成的中国传统教育制度。虽然中国传统教育存在不注重教学效率、不注重技能培养等不足,但相较于当下教育,其特有之处也很明显:不过早分科,不急于培养专门技能,注重人格培养,等等,这些在世界民族教育之林中,显示出极其鲜明的民族特色,值得传承转化和丰富发展。

总之,中华优秀传统文化课程不是可有可无的边缘课程,这门课程有助于打通人文、社会和科学学科之间的隔阂,架设价值理性与工具理性的桥梁,有助于实现中国教育学的本土化建设,真正实现"教天地人事,育生命自

觉"[①]的中国教育学转向。中华优秀传统文化课不是语文、德育、历史等学科的一部分知识或者模块，也不是以渗透融入其他学科为最终目标，更不是与其他学科平行并列的，而是一种辐射关系，犹如太阳与地球上万物的关系。传统文化课程要解决的问题是一个民族的精神传承问题，是要对学习者的思维、价值、人格等产生深度的引领，所以，传统文化课程是一门具有超越工具性学科（专业）、超越功利主义教育取向的人文学科，是全人学科，是对其他课程起着整体引领作用的一门国民教育课程。这是构建中华优秀传统文化课程体系必须厘清的关键点。

三、构建传统文化课程体系的突破点

首先，实现当代中国人文社会科学学术研究的突破是构建中华优秀传统文化课程体系的基础和前提

在中华民族近现代的历史发展中，中国传统文化虽然经历了多次的猛烈冲击，但随着当代中国经济的发展、国

---

①叶澜，罗雯瑶，庞庆举.中国文化传统与教育学中国话语体系的建设——叶澜教授专访.苏州大学学报（教育科学版）[J].2019（03）：83-91.

力的提升，我们也从知识传播发展提升到信念传承的新阶段；对于中华优秀传统文化的自信，也从少数学者的研究坚守转换到广大民众的自觉热爱。社会历史环境的转变，无疑为新时期开展更加细致、深入、系统的有关中华优秀传统文化的学术研究和传承发展提供了有利条件。但是就目前学界的研究热点、研究成果而言，对于过去经史子集四部知识分类如何转换为传统文化的课程内容，则存在以下障碍，需要创新突破：

1. 中国文化话语主导权的转向。当代中国学术话语、文化话语深受西方话语体系的影响，虽然当下的中国学界已认识到西方学术话语体系在分析中国历史和社会现实时的不恰当，但具有中国特色的人文社会学科还未整体有效构建，因而导致话语权不足，二者相互不能正向影响。主导话语权不足，话语主导权没有转变，中华优秀传统文化内在的、具有活力的思想文化资源则得不到有效挖掘。这是阻碍中华优秀传统文化课程体系构建的重要原因之一，亟须创新突破。

2. 跨学科融合研究尚未有效开展。目前，关于传统文化的传承、发展和研究主要由文学、历史、哲学、语言文字等学科承担，但这些学科的教研人员对教育学、心理学、传播学、管理学、社会学了解甚少，以致于面对一套传统文化教材，从事文学、历史、哲学的学者认为其传统文化内容不够深入系统，而教育学者则认为不符合教育学的要求。

3. 传统文化课程体系内容选定的系统性和科学性亟须提升。传统文化课程体系的内容选定要有适切性，所选择的课程内容，既要符合传统文化自身内容的完整性，又要符合学习者年龄梯度的有序性。传统文化课程内容选择要求选材考察全面、选取结果简约、内容设计合理。课程内容要从随机的碎片化转换到规范的系统化。当然，这离不开跨学科的深度合作和系统研究。因此，传统文化课程内容所兼有的序列性、系统性特征，需要具有一定深度和广度的学术专题研究来支撑。比如对儒家思想特别是对孔子思想的理解，"仁"是一个跳不过去的概念，如何将"仁"的历史发展内涵和思想意义有效纳入教学，则是传统文化教学的难点之一。由于课时限制，在课堂上讲授仁学，不可能面面俱到，必须分层次讲解其内涵，清晰梳理其内涵之间的差异，这就离不开学者对"仁"的系统学术研究和当代应用阐发。在这一点上，陈来的《仁学本体论》、牟钟鉴的《新仁学构想》等著作为解决这一难题提供了很好的学术研究成果，可资借鉴。但是，对于像"义、礼、智、信、孝、悌、廉、毅、耻"等传统核心观念的研究，还需深入。

其次，继承和发展"学以为己""经世致用"等中国古代优良教育传统，突破西方课程建设理论

李弘祺在《学以为己：传统中国的教育·序言》中说："三千年来，中国人所读的书大概不外儒家的经典，而经典传注的传统虽然有几番的改变，或有汉、宋之争的差别，但是读书的基础或理想无不是从修身开始。""我希望这本书真的能影响中国的学生，注意到中国文化和教育经验中，最核心的价值和理想就是'学以为己'。"他在第一章引言中强调："把教育视为一种高度个人化的事务，是中国传统教育思维中一再出现的主题。""我认为最能代表中国教育传统的精神的一句话，应该就是'学以为己'。"①

"古之学者为己，今之学者为人"，李弘祺说："这句话出自《论语》，以简洁的言词定义了教育的目的：教育的意义来自于个人自身的进取。《论语》的关切对象虽然主

---

① 李弘祺.学以为己：传统中国的教育[M].上海：华东师范大学出版社，2017：2-3.

要在于德行的修进，当中却也有一项明显可见的含意，亦即学习可以充满乐趣。无论如何，儒家教育的主轴是个人的充实，而不是为了取得别人的肯定或自身的利益。如此定义教育目的相当值得注意，尤其是现代人对传统教育的诠释——特别是对中国传统教育的诠释——总是采取社会功能或知识效用的观点。现代的这种看法也许有其优点，却不足以涵括教育所有可能的目的，至少绝对不是孔子心目中教育和教学的根本目的。"①

张祥云通过对中西文化及教育的比较研究，得出一个非常深刻的结论，即科学发展是不断否定旧的理论，重建新的理论，而人文经典恰恰是肯定常理常道常行，不断再现常理常道常行。②这对当下开展传统文化教育提供了一个极好的启示。比如，对中国文化中像仁、义、礼、智、信、孝、悌、廉、毅、耻等核心思想理念和传统美德，除了要明白这些概念的内涵，更重要的就是以肯定的态度努力践行，这就是中国文化传统中的经世致用理念。《论语》中

---

① 李弘祺. 学以为己：传统中国的教育［M］. 上海：华东师范大学出版社，2017：2.
② 张祥云，綦玲. 创新及其教育的文化意蕴. 文化育人（第8辑）［N］. 北京：商务印书馆，2018：46-47.

说:"弟子入则孝,出则弟,谨而信,泛爱众,而亲仁,行有余力,则以学文。"学就是先修身,然后学习文献,再本着忠恕之道去"爱人""修己以敬""修己以安民""修己以安天下",实现"老者安之,朋友信之,少者怀之"的理想信念。《孟子》中有"亲亲而仁民,仁民而爱物";《大学》中指出:"大学之道,在明明德,在亲民,在止于至善。"这些无一例外地强调在个人德业得到充分发展后,就要尽力去帮助他人。

这些优秀的中国传统思想完全可以转化到爱国、公益、环保等当代教育课题之中,更是构建中华优秀传统文化课程体系不可或缺的内容。

第三,对中小学教师开展汉字教育培训和经典研读培训,是对传统文化教学师资素养不足的突破

对中小学教师开展汉字教育培训是提升中小学传统文化专业师资素质的基础工作,以《四书章句集注》为核心的经典研读培训是解决中小学传统文化教学师资问题的关键工作,两者的实施,是解决传统文化教学师资素养问题的突破点之一。

民国时期的国文教师,由于时代原因,对文字学、音韵学、训诂学还有基本的掌握。我国台湾地区,从20世纪

第二讲 构建儒学经典课程体系的历史新机遇

50年代到90年代教师在师范教育期间尚能受到文字学的基本训练。从高中《中国文化基本教材》的教学实践中总结出"通其训诂，掌握精义，触类旁通，介入生活"的16字心得，其中就有训诂。但是，在新中国成立之初，我国完全照搬苏联教学模式，废除了传统的文字教学和研究，以致当下中小学教师尤其是语文教师，普遍对文字、训诂、音韵知之不多，更不要说在课堂教学中灵活应用了，因此，要构建中华优秀传统文化课程和教材体系，就必须尽快提升广大教师的汉字基本素养和教学基本功夫。

汉字是中华文化的基石、灵魂和细胞。"它（汉字）是中华文化流传和发展的载体，自身的结构中又保存着很多中华文化的信息。""汉字是表意文字，它不但记录文化，在它的构形中，也蕴含了很多历代的文化信息。汉字历经数千年的发展，它是中华文化绵延不息的见证者，可以和历史记载相印证。""汉字深刻地反映出古人的生产文化，它把古人如何谋生，如何顺应自然、征服自然的过程充分地展现出来。""在汉字的构形和符号系统中……还有古人丰富的精神文化……通过汉字观察文化，如同乘坐一叶小舟，在文献描述不到的地方，它可以去印证。特别是古老的观念世界和思维方法，在汉字的细致考察中，可以看到一些难得而又真切的事实。"[1]

张之洞在《书目答问》中说:"由小学入经学者,其经学可信;由经学入史学者,其史学可信;由经学、史学入理学者,其理学可信;以经学、史学兼词章者,其词章有用;以经学、史学兼经济者,其经济成就远大。"[2] 此处的"小学"是特定称谓,特指研究儒家经典,解释其字面意义、阐明其蕴含义理;"小学"是我国的传统学问,包括文字、训诂、音韵三部分,是研究中国古代语言文字的学问。从传统语文教育来说,集中识字也是自南宋以来实际教学过程中总结出来的有益经验。"识字教育是传统语文教育的一个重点。在这方面,前人用的工夫特别大,积累的经验也比较多。很突出的一个做法是在儿童入学前后用比较短的一段时间(一年上下)集中地教儿童认识一批字——两千左右。清人王筠说:'蒙养之时,识字为先,不必遽读书。先取象形、指事之纯体教之。'"(王筠著

---

[1] 王宁.汉字与中华文化十讲[M].北京:生活·读书·新知三联书店,2018:90-101.

[2] (清)张之洞编撰,范希曾补正.书目答问补正·附二·国朝著述诸家姓名略[M].北京:中华书局,2018:286.

第二讲 构建儒学经典课程体系的历史新机遇

《教童子法》)[①]

汉字是中华文化的基因。不懂汉字源流，不懂造字原理、用字方法，就无法掌握汉语表达规律，就无法去解读中华文化，而中华文化中则蕴涵着中华民族的思维方式、情感认同、价值取向。

2019年9月在全国使用的统编本《语文》教材小学一年级第一课，没有从学习拼音字母开始，也不是"人、口、手"等，而是"天、地、人，你、我、他"。其实，给一个刚入小学还不会识字、写字的孩子讲解的"天、地、人"这三个字，在中华优秀传统文化中是非常深奥的重要哲学理念。

关于汉字教育可以有效促进中华优秀传统文化课程的开展，具体见本书的第八讲"从识字到象思维，以《天地人 你我他》为例"。

宋代理学家朱熹综合前人成果并结合自己理学系统而注释的《四书章句集注》，是《大学章句》《论语集注》《孟子集注》《中庸章句》的合称。那么，笔者为什么

[①] 张志公. 传统语文教育教材论——暨蒙学书目和书影［M］. 北京：中华书局，2013：11.

要强调当代中国教育工作者尤其是中华文化的传承和教育者应该认真研读这样一部古籍著作呢？朱熹本人非常重视这项集成性工作，临终前还在修改章句集注的内容。朱熹在关注文本文字考据的基础上，又以理学家的思想对四书进行了系统解读。《四书章句集注》对于中华传统文化的传承、教育具有重要意义。第一点，《四书章句集注》将中华文化从"五经"系统转换到"四书"系统，文本文字量大大减少，又自成系统，前后一致，读书的次第比较明确，读书的目的也很清晰，这样更加适合教育普及。第二点，朱熹身前，此书一度遭到打压，但自从元朝时被指定为科举教科书后，一直到晚清政府废除科举制度，该书一直是参加科举考试的读书人的必读书，还影响到朝鲜、日本、越南等东亚、东南亚儒家文化圈，影响巨大持久，对中华优秀传统文化影响深远。第三点，台湾地区自1968年在高中使用的《中国文化基本教材》就是取自陈立夫的《四书道贯》，而《四书道贯》就是将《四书章句集注》的内容按照主题重新划分的，学生用书的注释主要用的就是朱熹的注释。《四书章句集注》可以作为系统化学习中华优秀传统文化的起点，再对其予以创新拓展，必将大有裨益。

第四，中华优秀传统文化经典研读课堂教学范式的突破

我国古代的教育大体分为小学阶段（大体相当于现在一至九年级）和大学阶段（大体相当于现在高中一年级到大学四年级）两个阶段。今天，对传统文化课堂教学范式的继承和创新，也需要从这两个阶段来进行。

小学教育，狭义地说是6—15岁蒙童养正的教育，广义地说是包括0—15岁的孕前、胎教、早教、幼教和童蒙教育。小学在教育理论、课程设计、教学方法、管理制度等方面都有长期的实践和很好的总结，今天，我们应更好地传承小学教育的优良传统，并推动其向现代化与国际化转变。

从课程与教学角度讲，目前，一些教育机构也摸索出一套适合当下少年儿童的传统文化课堂教学范式，如：

1.《汉字源流》课，既识字，又讲字；先识字，后读书。依托《说文解字·说文部首》，溯汉字源头，续汉字脉流，把汉字本身的生活化、符号化、人文化活灵活现地呈现出来。汉字的生活化，是天地万物与自我的感通；汉字的符号化是心灵感通与大脑思维的高度结合；汉字的人文化，是《说文解字》的重大使命，是汉字发展的重要里程碑。汉字还可以艺术化，这能使汉字的启智、美育、修

身的作用发挥得更加淋漓尽致、绵密深入。教学阶段为2—12岁。

2. 经典熏陶，深度阅读。读书是一切教育的核心，小学的读书方法是：吟咏（吟诵）、分段、百遍、带书、理书、温书、讲书、复讲、抄书。这一套教学与读书的方法是真正传统的"读书"，其效果必是终生不忘、受益一生的。

3. 性情涵养，素质教育。胎婴养虚、幼儿养性、童蒙养正，在教学中具体落实这一理念的方法是：第一，胎婴以经典声音浸润输入为主，此经典一定是达到了人文高度的，如"四书五经"的读诵声、吟诵声，经典的中西方音乐，经典的大自然声音，等等。第二，幼儿养性。孩子从会爬至三岁之间，是涵养性格最为关键的时期。这个阶段最重要的特点是孩子还处于自我世界的秩序中，这个秩序有的是有序的，有的是失序的，教育就在于深刻感知教育对象后进行的长善救失。

实现中华优秀传统文化的创造性转化、创新性发展，离不开对中华优秀传统文化的主体——儒家思想的批判性继承和发展，离不开系统、深入、细致地研读儒家经典，尤其是纳入经学范围的儒家经典。其问题的核心不在于儒

第二讲 构建儒学经典课程体系的历史新机遇

家经典文本自身,而在于研读儒家经典是否真正做到了批判性继承、开拓性发展;而儒家经典研读者以何种方式进入文本的意义世界并将之转化为当下和未来的精神生活元素,这在一定程度上取决于研读经典教学范式的过程设置。科学的教学范式能有效保证研读者的学习效果。

为确保学习者能正确、深刻地理解经典文本,受到经典传承的基本训练,应按照7个步骤来开展经典研读与教学:诵读文本、抄写文本、自己注译文本、参读经典注译文本、完善自己注译的文本、讲解经典文本、探究和实践文本精神和原则。这7个步骤的实践,是儒家经典研读与课堂教学的范式之一,对传统文化的传承发展具有重要意义。具体参见本书第九讲"经典研读七步骤,以《论语·学而第一》为例"。

第五,立德树人根本教育任务下传统文化课程评价方式的突破

要完成立德树人这一当代教育的根本任务,就必须发挥中华优秀传统文化课程的积极作用,因为中华优秀传统文化就是成人成物之学,就是人学,高度重视修身。对此,要从评价体系上确保中华优秀传统文化课程的教学顺利实施,确保教学效果的有效性,以实现立德树人的根本任务。

从近30年传统文化教学实践来看，评价导向更加注重学习过程的体验化，教学追求也从知识获取、方法训练转移到情感共鸣、价值达成，从"读点经典"转移到"读懂经典"，从了解古代中国转移到建设当下中国。所以，围绕立德树人的教育根本任务，结合当下传统文化教学评价导向的转变，确立传统文化教学的评价标准，既是解决中华优秀传统文化课程化进程中的"老大难"问题的重要方法，也是一线教学实践的迫切需求，更是中华优秀传统文化教育发展的创新点。

当然，中华优秀传统文化课程体系的构建，离不开知识的传承和能力的训练，不能偏离教育的一般规律，要符合学习者的生理发展规律和心理认知规律，但是这门课程具有鲜明的人文主体性实践养成特征，因此这些知识的积累和技能的养成，必须以学习主体为中心而展开。任何脱离学习主体的推理论证、迁移复制，都可能导致学习主体的反感，都可能适得其反，这是今天的国民教育与传统社会科举制支撑的私塾书院培养小众精英的教育的最大区别。

因此，如何评估学习者在学习过程中的参与度、学习者的思辨性及其价值观的达成、人格境界的提升等，应该成为中华优秀传统文化课程评价的重点和创新点。

第三讲

儒学经典教育的三大目标

第三讲 儒学经典教育的三大目标

从民族的文化属性来说，民族核心经典蕴藏着民族的思维本源、价值取向和意义世界，中华民族经典尤其是儒学经典，更是深刻地影响着中华民族的思维方式、价值取向和生命建构。

一、训练民族思维方式

按照邵志芳《思维心理学》[①]的研究成果，知觉对于事物的识别，主要反映"这是什么"，它体现了对事物当前的静态特征的认识。但是，知觉不涉及当前事物的过去和将来，而思维正应该在此基础上体现出对事物的动态特征的把握，反映事物处于整个发展进程中的哪一个状态。所谓状态，就是指事物所属的种类，或它目前发展所至的环节。根据邵氏的研究，我们可以认为，思维是跳出现象的当下性而将过去、现在和未来连成一体的认知方式，是人

---

① 邵志芳.思维心理学［M］.上海：华东师范大学出版社，2007.

特有的认知现象，体现了人对天地万事万物发展的动态整体反思，体现了事物认知的现象性、经验性、客观性和唯理性。邵氏认为，思维在客观上受制于客观世界的因果关系，主观上受制于人类长期的认识活动中有意无意地积累形成的逻辑规则。思维具有概括性、间接性、逻辑性、目的性和问题性、层次性、能动性，特别是层次上表现为敏锐、灵活、深刻、创造、批判，这些正是思维需要训练提升的层级所在。思维的成果表现为以下几种形式：认识性产品，如调查报告、新闻报道、习题解答等；表现性产品，如文学作品、艺术创作等；指导性产品，如工作计划、工程设计、改革方案等；创造性产品，如科学发现、技术发明等。思维有很多问题值得探究，但能否优化人类思维策略、提高思维能力，是思维学界关注的三大核心问题之一，也正是我们关注的重点。

编撰"六艺"的孔子，犹如照亮中华民族前行道路的一盏明灯。民国学人柳诒徵说："孔子者，中国文化之中心也。无孔子则无中国文化。自孔子以前数千年之文化，赖孔子而传；自孔子以后数千年之文化，赖孔子而开。"[1]如

---

[1] 柳诒徵.中国文化史［M］.上海：上海古籍出版社，2001：263.

第三讲 儒学经典教育的三大目标

果我们一定要追问中华文化为什么不能没有孔子,当下答案就是"孔子的学术不但给了我们基本的价值观,还给了我们科学的思维方式"[1]。

那么,思维方式对于民族传统文化何以如此重要?蒙培元从思维方式稳定性的角度进行论述,认为其一旦正式形成并被普遍接受后,便会成为相对固定的思维结构模式和思维定势,进而成为思维习惯,决定着人们"看待问题"的方式与方法、社会实践以及一切文化活动。思维方式既是传统文化的核心组成部分,又是一切文化的主体设计者和承担者。从这个意义上说,传统思维决定了传统文化。[2]萧延中则基于中国思维的根系考虑,从追问对中国近现代影响巨大的西方思想为何不能在普通中国人的思维深处真正扎根;到反思中国古人提出问题的角度和方式,即数千年来天人关系总是被放到一起考虑;再到推论,即在历史和问题的"史问论域"之外,"中国古代思想论者论证具体问题时所持有的一般认知规则、推理形式和思维路

---

[1] 朱杰人.经学与中国的学术思维方式[N].文汇报.2005-11-27(006).

[2] 蒙培元.中国哲学主体思维[M].北京:人民出版社,2005:182.

径"的"认知论域"就规定了"问题意识"的性质,所以"中国思想的'第二域(认知论域)',是规定'中国之所以为中国'的关键要素"①。

中华民族曾经笃守经典大义、研读经典文本,民族思维方式就这样代代传承而成为思维惯性,但近代以来,西方思想强势冲击,救亡图存成为首要问题,传统文化逐渐边缘化,所以有学者说"经学已死""经学史研究才刚刚开始"②,历史果真如此吗?"中国传统经学的消亡,并不是一种学术自身运动的必然,而是外力强加的结果",经学研究或者经典教育还有存在的必要。经学造就了中国人独特的思维方式——一种整体的、追求事物各种关联的思维方式,注重不同质的事物之间的联系、影响、渗透和整合。"思维方式是无所谓优劣之分的","经学是训练思维的学问,它培育了中国人特有的独立的思维模式"。③ 重视经学

---

① 萧延中.中国思维的根系:研究笔记[M].北京:中央编译出版社,2020:2、3、5、6、7.

② 周予同."经"、"经学"、经学史——中国经学史论之一[A].朱维铮编.周予同经学史论著选集(增订本)[Z].上海:上海人民出版社,1996:661.

③ 朱杰人.经学与中国的学术思维方式[N].文汇报.2005-11-27(006).

第三讲 儒学经典教育的三大目标

的特别作用,不是个别学者而是一批学者的觉醒,"新经学"就是学术界的集体共识。2001年饶宗颐倡导之,朱杰人、彭林等学者大声疾呼之,姜广辉和之,"新经学"建设已经成为当代中华文化发展的一股新潮流。新经学其实就是对儒学经典教育的学术探索,是为经典教育重新拓展一条大路。

从教育学的角度来看,当代教育学学者指出,新课程为教学赋予了新的内涵。教学必须实现价值转型,切实关注学生作为"整体的人"的发展,引领学生学会生存、学会做人。教学变革的关键就是转变教师的教学行为和学生的学习方式,合理开发和利用课程资源,进而创建一种新型的课堂教学文化模式——思维型教学文化。教学是教师和学生共同建构知识和人生的过程,是师生间以交流、对话、合作为基础进行文化传承和创新的特殊交往活动。新课程背景下的教学力图超越传统,创建新型的教学模式所需求的"思维型教学文化",其要素包括:思维语言(具体的术语和概念,提供交流的手段,鼓励高层次的思维),思维倾向(思维方式,鼓励高层次思维的敏感性、能力和意向),思维控制(学生反思的方式和控制自己思维过程的方式),策略精神(鼓励学生建构和运用思维策略的态度),高层次知识(超越事实信息,关注知识是如何创造的,问题是如何解决的,证据是如何收集的,等等),转换(在从一种情境转向另一种情境的过程中关注知识与策略的联系,更广泛地灵活运用知识和策略)。[1]新课程标准下的思维方式转换已经开启,而儒学经典课程必然要承担起民族思维方式训练的大任。

从认知方式来说,中西思维方式存在很大差异。医学上,中医强调整体观,西医侧重逻辑观;在社会方面,中国人用阴阳观之下的对等思维来考察人与群体、人与人之间的关系,而欧美人则用矛盾对立视角之下的平等思维考量社会规则和法律建设;对于人性论,中国主流的思想是认可性善论,而欧美社会则是宗教指导下的有罪论。然而这些思维方式的不同,并非一朝一夕所可塑造的。中华民族的先民从"观象授时"开始,就将天地人的整体共生合作作为指导生命、生活和生产的基本原则,形成源远流长的生生不息的生命观、人生观和社会观,而其中的具体的生产环境是不断变换的,但作为主体人的思维方式却是

---

[1] 钟启泉,姜美玲.新课程背景下教学改革的价值取向及路径[J].教育研究,2004(08):32-36.

第三讲 儒学经典教育的三大目标

不变的，即特别简易的"推天道以明人事"、行人事以复天道，它塑造的中国人的象思维、整体思维、变易思维等，集中蕴藏在《周易》《尚书》《诗经》等民族核心元典中，也集中体现在时空观中，落实在衣食住行等日常生活的方方面面，尤其是表现在中医养生方面。从这个角度出发，民族思维方式训练可以通过核心经典的教学而得以传承发展，也可以作为经典课程设计的一个最重要的课程目标，这也是应有之义。目前国家统编版语文课本第一课就是《天地人 你我他》，也正是这种文化传承和思维训练的呼应！

以教育实践可能性为考量，经典能否训练思维方式？从国外的经验来看，思维训练是可行的。以美国批判性思维运动和英国思维技能运动为代表的思维教学运动于20世纪70年代在全球兴起，历经40余年取得了丰富的理论与实践成果，这对教育教学产生了并将持续产生深远的影响。在语文教育研究者眼中，经典诵读是训练思维的好方法：以中华传统经典诵读作为中小学语文教学衔接的切入点；抓住初一学生易于接受的古诗词诵读，由浅入深，由小学的纯诵读方式向思维训练过渡；训练内部语言到外部语言的思维过程，在诵读过程中训练学生的思维；诗歌教学要引导学生思考、领会物象到意象的联系。①如果说语文教学可以训练思维,那么民族核心经典当然可以训练学生的民族思维方式。

二、象思维助力创新人才培养

随着科技日益快速发展,人类社会生活样态快速转变,人类生活条件和生存状况得到极大改善,但同时,自然生态、社会发展、身心健康失衡加剧,气候异常、资源枯竭、社会对立、家庭解体、身心分裂等现象不时考验着人类的智慧,环境、伦理、社群、人性问题对人类生存发展的挑战也水涨船高,人类越来越需要整体思考,平衡自然、社会、身心,开发人的潜能。要实现这一全体人类发展道路的转变,就愈加需要人类思维的转变,需要突破旧有的思维方式,需要大力培养创新思维的人才。"21世纪人类思维方式变革的趋势表现为:从实体思维到关系思维;从客体思维进入主体思维;从单向思维进入多向思

---

① 蒋少鸿. 中华传统经典诵读的语文教学实效性研究——叶圣陶语文观指导下思维训练实践[J]. 科学大众(科学教育), 2013(12): 37.

维；从静态的直观思维进入动态的变革思维。"①

创新人才教育的重点是造就具有创新思维的人才。"创新教育也就是根据创新原理，以培养学生具有一定的创新意识、创新思维、创新能力以及创新的个性为主要目标的教育理论和方法。"②"创新人才的基本特征是思维的创造性、良好的认知结构以及独特的个性品质等。"③耶鲁大学斯滕伯格（R. J. Sternberg）提出，所谓创造力，就是一种提出或产出具有新颖性（即独创性和新异性等）和适切性（即有用的、适合特定需要的）的工作成果的能力，需要智力、知识、思维风格、人格特征、动机、环境六种基本元素汇合形成。

创新教育的关键是创新人才培养，创新人才培养的关键是创新思维的养成。有了创新思维的人才，那就是创新教育的成功。那么，除了近代科学思维创新之外，中华民

---

① 李德顺. 21世纪人类思维方式的变革趋势［J］. 社会科学辑刊, 2003(01): 4-9.

② 朱永新, 杨树兵. 创新教育论纲［J］. 教育研究, 1999(08): 8-15.

③ 庞海芍. 通识教育与创新人才培养［J］. 现代大学教育, 2007(01): 97-101+112.

族特有的思维能不能助力培养创新性思维人才呢？

首先，象思维与概念思维是中西思维方式的客观差异存在

据王南湜研究，中西思维方式的差异是客观存在的，也是实质性的，具有重要的哲学意义和文化意义。[①]西方和中国传统思维方式可以分别命名为概念思维和象思维。[②]从哲学研究成果来看，王树人二十多年来关于中国思维方式是"象思维"而西方思维方式是"概念思维"的对比研究[③]，已经成为学术界一个不可忽视的学术成果。刘长林提出"中国象科学观"[④]，从易、道与兵、医等方面对其进

[①] 王南湜.中西思维方式的差异与哲学创新的可能空间[N].光明日报，2009-11-10(11).

[②] 王南湜.重估毛泽东辩证法中的中国传统元素——从中西思维方式比较视角考察[J].中国社会科学，2010(03)：17-29+220.

[③] 论文：王树人，喻柏林.论"象"与"象思维"[J].中国社会科学，1998(04)：38-48；王树人."象思维"与原创性论纲[J].哲学研究，2005(03)：32-36；王树人.中国象思维与西方概念思维之比较[J].学术研究，2004(10)：5-15+4，等；著作：王树人.回归原创之思："象思维"视野下的中国智慧[M].南京：江苏人民出版社，2012.

[④] 刘长林.中国象科学观[M].北京：社会科学文献出版社，2007.

行了系统性阐述。刘家和提出了中西思维的差异在于思维结构不同,中国注重历史思维,西方注重逻辑思维,历史思维关注在变动的历史长河中寻找不变的常道,这些"常道"就蕴藏在《尚书》《春秋》《周礼》等经典之中。①

历史思维、象思维乃至象科学观,会不会阻碍科学思想和科学思维的学习?科普学者廖玮经过研究发现,典型的科学方法"告诉我们如何提出问题、如何设定问题以及如何思考问题和解决问题",关注具体的现象与现象之间的关联,既可以使用数学的方法抽象地研究问题,又可以直观地在头脑中想象问题,还可以使用实验和观测检验对问题的思考,使实验和观测成为我们思考的助手。"这是一种非常高明的思想方法,使用这种思想方法我们可以建立起关于现象的牢固可靠的知识"。物理学在广义上是研究"现象与现象的关联",即以研究现象层面的"现象运作的模式"为途径,以实现发现"现象背后的原因"的目的。"近代科学之所以取得成功,最根本的一条是放弃臆测的玄

---

① 刘家和.理性的结构:比较中西思维的根本异同[J].北京师范大学学报(社会科学版),2020(03):72-83.

想，踏踏实实地去研究现象与现象的关联"[①]。如果我们不拘泥于传统就是落后的执念，那么，强调现象，重视经验，提倡直觉，这些都与中华民族重视历史经验、重视"象"、开发直觉等无直接矛盾，在此基础上，可以学习西方自然科学的逻辑推理、概念运用、数学呈现以及实验工具，如此，将会有助于训练中国人的科学思维，提升其科学素养，从而让科学思想真正融入中华民族的思想之中。

其次，思维训练与创新人才教育有关系吗？

在郅庭瑾看来，思维训练问题在教育史中早已引起关注，极端者甚至将思维训练作为教学的唯一目的。知识的价值存在于"解决问题"的过程中，当知识用来解决问题时，知识将发挥它的思维训练价值。发展学生的思维，应该成为教育的基本使命。郅氏提出，知识和思维作为教育应该兼顾的两个维度和层面，以适当的知识积累为基础，在与知识打交道的过程中发展学生的思维能力，应当成为当前教育改革理念的必然选择。不过，关于思维的训练与成就人的美好品德之间的关系，郅氏认为，人格与思维互

[①] 廖玮. 科学思维的价值：物理学的兴起、科学方法与现代社会［M］. 北京：科学出版社，2021：27、272、276.

第三讲　儒学经典教育的三大目标

为原因和结果，相互推动。①这与中华民族传统文化高度重视人格养成特别是精英分子的君子人格塑造，高度吻合。虽然二者之间的本质内涵并不一致，但人格养成与思维训练的紧密相关性，却为我们将中华思维的传统样态重新应用到当下教育中提供了有力的学术支撑。所以，思维与创新人才教育之间存在着正面的高关联度。"思维是人脑的一种高级意识活动，是人的理性认识过程，即思考，思考的方法、形式、品质等。新颖、独特且具有社会或个人价值的思维方式是创造性思维的内涵与特征。"②

刘兴凤、张安富认为，在中华民族的传统文化中，传统的思维模式对培养创新人才构成了障碍，这主要表现在人们偏好直觉思维，同时，追求一致性而轻视求异，成为科学创新缺乏活力的障碍。他们建议，应有意识地加强逻辑思维的训练，并强调求异思维的重要性，即发散性思维，并提倡开展创新性思维的训练。然而，他们也指出，在中华民族的文化心理结构中，价值观念和思

---

①郅庭瑾.为思维而教［M］.北京：教育科学出版社，2007：前言8-18.

②郑慎德.思维、创造性思维及其理论［J］.武汉金融高等专科学校学报，2000（04）：3-7.

维模式扮演着至关重要的角色。理解了这两个关键因素，就等于理解了不同文化类型的精神核心和教育目标。因此，从民族文化心理结构及其关键因素与教育的关系角度来分析当前创新人才培养所遇到的问题，有助于为创新人才的培养找到一条新的路径。[1]笔者虽然对其批判传统思维的观点并不认可，但高度认可关注思维与创新人才培养之间的关联。笔者认为，区别于欧美以认知逻辑思维为主，象思维、系统思维、变易思维等是中华民族特有的思维方式，对这些思维尤其是象思维的认知和教学中的训练，会大力促进创新人才的培养。有学者说："中国缺乏人才的问题，其本质可以归结为原创性思维的淡薄与缺失。造成这种淡薄与缺失的原因有多种，但是根本原因之一，乃是中国人在思维方式全盘西化之时，把自己独具原创性的'象思维'完全遮蔽，甚至'集体失去记忆'。"[2]不过，传统的中华象思维是什么？能训练吗？能助力创新人才培养吗？

---

[1] 刘兴凤，张安富. 论中华民族文化心理结构视角下的创新型人才培养[J]. 国家教育行政学院学报，2007（08）：44-48.

[2] 王树人. 中国的"象思维"及其原创性问题[J]. 学术月刊，2006（01）：51-57.

第三讲　儒学经典教育的三大目标

第三，中华象思维何以助力创新人才教育？

按照邵志芳《思维心理学》的研究，思维自我限定的因素受刺激本身的束缚、受定势的束缚、受记忆容量的影响、受到眼前利益的诱惑。对于第四个因素，儒家功夫论就是一套完整的让人去除欲望和情绪遮蔽的实践总结，具有很强的可操作性。思维训练的前提，要求学习者自信、反省、包容，而这些，在传统儒学的诚敬涵养中就一直是这么要求的。思维技能训练包含直接训练推理技能、问题解决能力和创造性思维技能，而创造性思维技能要求学习者具有独立自主、重视经验、动机强烈的素养，儒家教育思想中的立志、博学、审问、慎思、明辨、笃行等为学次第都完全符合这些要求。

现代性所内蕴的理性主义、功利主义和个人自由主义，造成了思维的一元论、碎片化、凝固化，"21世纪人类思维面临一个新的大变革。人类从原始思维走向现代文明思维，但现代文明思维又有三个缺陷，即抽象性、隔离性和凝固性，因此这种思维有待于突破"[①]。有待突破的思维习性正成

---

① 李德顺.21世纪人类思维方式的变革趋势[J].社会科学辑刊，2003(01)：4-9.

为阻碍创新人才教育的内在因素，而训练象思维、系统思维和变易思维，就有助于突破现有的思维桎梏，使人思维敏锐、深刻和富有远见，才有可能培养出真正的创新人才。

何谓"象"呢？冯友兰说："象就是客观世界的形象。但是这个摹拟和形象并不是如照相那样照下来，如画像那样画下来。它是一种符号，以符号表示事物的'道'或'理'。六十四卦和三百八十四爻都是这样的符号。它们是如逻辑中所谓变项。一变项，可以代入一类或许多类事物，不论甚么类事物，只要合乎某种条件，都可以代入某一变项。《系辞传》说：'方以类聚，物以群分。'它认为事物皆属于某类。某类或某某类事物，只要合乎某种条件，都可以代入某一卦或某一爻。这一卦的卦辞或这一爻的爻辞也都是公式，表示这类事物在这种情形下所应该遵行的'道'。这一类的事物遵行'道'则吉，不遵行'道'则凶。"[1]张其成说："象，从不同的角度可以看出不同的意思。比如说从象的内涵来看，它主要包括了物象和意象。从象的特征来看，它是有形的和无形的。有形的当然是象，

---

[1] 冯友兰. 中国哲学史新编 [A]. 三松堂全集 [Z]. 郑州：河南人民出版社, 2001：551-552.

第三讲 儒学经典教育的三大目标

但是象更重要的是无形的。""那么什么不是象呢?""'无形而可感',就是说,'无形'但可以感受、感知的东西,才可以称为象。象是可以通过感觉来认知的,无形的东西用眼睛能不能感知?不行;用耳朵呢?不行;用鼻子呢?也不行。但是可以用触觉来感知,或者用理性来思维。""气是什么?气是无形的,但是可以感知的。要不是可以感知,怎么有经络呢?所以气是一种典型的象,一种无形的象。同时气又演化出阴阳,阴阳也是象,五行也是象,都是象。"[①]所以,象是中华文化中非常重要的概念,是思维之所以产生和得以积累并形成中华民族深层次文化心理结构的重要特质,它具有浓厚的经验性,体现为现实性,还具有客观性、理性特征。所以,张其成说:"卦爻象不仅是《易经》的符号系统,而且也是中华文化的'基因'。""从某种意义上说,中华文化来源于卦爻符号,因为卦爻符号体现了中华民族先民的原始观念,中华文化可以说就是通过对卦爻的逐层解读才形成与发展的。不管是从形而下的层面还是从形而上的层面来看,以卦爻作为中

---

① 张其成.张其成全解周易[M].北京:华夏出版社,2018:87.

华文化的基因都是合适的。"①

那么,什么是象思维呢?象思维就是以直观的形象、物象、现象为基础,以意象、应象为特征和法则来类推事物的发展变化规律,从而认识人(生命、健康和疾病)与万物的思维方式。象思维包含形象(也称为物象)思维、意象思维和应象思维。形象就是感官所知,形象思维既是认识过程,又是创造过程,常可产生形象联想、灵感思维、发散思维等。意象思维是在形象思维的基础上,对具体事物或现象进行抽象的思维方式。应象思维以取象比类为基本方法,根据某类事物的特性,将与其相近、相似、相同特性的物象、现象,归纳为同一类别,同气相求,同类相通,以此证彼的思维方式。②如庄子笔下的庖丁解牛那样,"始臣之解牛之时,所见无非全牛者",形象思维阶段;"三年之后,未尝见全牛也",意象思维阶段;"方今之时,臣以神遇而不以目视,官知止而神欲行。依乎天理,批大郤,导大窾,因其固然",应象思维阶段。

① 张其成. 张其成全解周易[M]. 北京:华夏出版社,2018:11-12.
② 郑洪新. 中医基础理论[M]. 北京:中国中医药出版社,2016:13-15.

第三讲 儒学经典教育的三大目标

当代学者王树人是象思维研究的开创者，他高度肯定中华文化象思维的重要性，尤其是其对于克服唯科学主义所带来的现代性方面具有重大的现实价值。"中国传统文化中的'象'包含外在感知之象、内在感知之象，把握某种小宇宙整体内涵的气象或意象，乃至本原之象或大宇宙整体之象等等无限丰富的层次。'象思维'的显著特点表现为'象的流动和转化'，即象在同一层次和不同层次的运动。'象思维'正是借助象的流动与转化，以达到与大宇宙整体之象或'道'一体相通的'把握'。概念思维是以对象化和规定性为前提的思维，它所启动的科学理性与技术理性对于创造现代文明功不可没；但是，当人类在运用概念思维取得巨大成功时逐渐将其绝对化或异化，以致唯科学主义与唯技术主义思潮酿成科学技术的失控。提出'象思维'的研究，在于揭示'象思维'的合理性，确立其在思维活动和发展中的本原地位，修复由概念思维绝对化或异化所切断的人与自然一体的纽带。"[①]

中华文化从先秦时的"天人合一"到宋明的"理一分

[①] 王树人，喻柏林.论"象"与"象思维"[J].中国社会科学，1998（04）：38-48.

殊",无论儒家或道家,甚至其他诸子,都从不同侧面强调、推演、发挥整体思维。中国传统文化认为世界万物由混沌一体的元气分化演变而来,气分阴阳二气,阴阳二气生五行之气、五行之气生万事万物。《老子·四十二章》:"道生一,一生二,二生三,三生万物。"《易传·系辞上》:"易有太极,是生两仪,两仪生四象,四象生八卦。""《易》之为书,天地之气化,性命事物之道理悉备矣。学《易》者须分三层看:天地自然之气化是一层;人性及事物本然之道理是一层;占者应事接物,当然之知从是一层——无卦无爻不然也。此是学《易》者最切实下手工夫。虽上智之人,一以贯之;然下学工夫,先求入门,此亦极深研几自是始也。"[1]整体思维也称为系统思维。世界是整体的,人、自然和社会是和谐统一的。整体包含许多部分,各部分之间密切相连。"整体思维对创新思维的积极作用主要体现在:首先,把握事物发展的整体性,可以使我们全面地认识事物发展的脉络,进而把握事物发展的规律性;其次,整体思维可以极大地简

---

[1] (清)魏荔彤.大易通解·卷首·易经总论[A].景印文渊阁四库全书·第44册[Z].台北:商务印书馆,1986:17-18.

第三讲　儒学经典教育的三大目标

化我们思维世界，使眼花缭乱、不可捉摸的复杂思维图景，可以在瞬间变得井然有序、简洁清晰；再次，整体思维保证了思维的和谐性，有利于人们用联系的辩证观点全面系统地观察研究事物。"①

变易思维就是观察分析和研究处理问题时，注重事物的运动变化规律，其背后反映的是阴阳思想，即阴阳的对立统一、互根互用、此消彼长、平衡转化等运动推动着世界的发展。正如《易传》所言，"一阴一阳之谓道，继之者善也，成之者性也"，其中暗含着对立、辩证思想。而《周易》之"易"有三易，即不易、简易、变易。《易传·系辞下》："《易》之为书也不可远。为道也屡迁，变动不居，周流六虚，上下无常，刚柔相易。不可为典要，唯变所适。"科学技术发展迅猛，很可能带来颠覆性的后果。人类发展必须要稳健，才可能持续发展，不能因为科技的高速超前发展危及人类自身或者自然的平衡。全面、完整地认识客观事物，进行全面的评价，才是正确的处理方式，而这变易思维就是追求整体系统的动态平衡，在阴阳对立

---

① 孙丽颖，范大志.中国传统思维方式对创新思维的影响[J].学术交流，2008（03）：34-37.

中把握世界的统一，在世界的统一中了解阴阳的对立。变易思维强调整体而非局部、动态而非静止、相对而非绝对，这些恰恰是创新思维必不可少的思维基础。

第四，中华象思维训练的可能途径是什么？

逻辑思维与形象思维不可或缺。杨叔子说，人文与科学"相通相融，共同形成正确的创造性的整体思维。逻辑思维是这一整体思维的正确性的基础，形象思维是这一整体思维的创造性的主要源泉"[1]。

作为华中科技大学原校长、中国科学院院士，杨氏的观点一定来自自身的成长总结、对当下教育实践的深刻洞察。的确，形象思维与逻辑思维需要共同开发，而形象思维就是中华思维之一的象思维的最基础思维阶段。所以，中华民族思维是当代教育尤其是高等教育需要的，也是可以在教育教学中加以训练的。如果不加以传承、不训练青少年，这些思维方式就可能断绝。

如何在创新人才教育中开展中华文化思维训练呢？途径当然有很多，如在象形字的识读以及在国画、国乐、太

---

[1] 杨叔子.是"育人"非"制器"——再谈人文教育的基础地位[J].高等教育研究，2001（02）：7-10.

第三讲 儒学经典教育的三大目标

极拳等传统技艺中去训练。但是，从当下教育的缺失或者从创新教育的角度来说，比较急迫、紧急的就是教育思想观念的转变，要积极传承中华文化中的天地人三才教化传统，提升人格境界，成就"大人"人格，这是接受中华文化象思维训练的入门，也是象思维训练的过程，更是象思维训练的结果。

在中国文化的早期形成过程中，道家创始人老子提出，人与天、地、道同大，都以自然为最高的准则、效法的对象。《道德经·二十五章》："有物混成，先天地生，寂兮寥兮，独立而不改，周行而不殆，可以为天地母。吾不知其名，字之曰道，强为之名曰大。大曰逝，逝曰远，远曰反。故道大，天大，地大，人亦大。域中有四大，而人居其一焉。人法地，地法天，天法道，道法自然。"而儒家创始人孔子提出，圣人可以"则天"，可以在历史的现实中按照天道来施政、来处世，可以取得令人赞叹的业绩。《论语·泰伯》："子曰：'大哉尧之为君也！巍巍乎！唯天为大，唯尧则之。荡荡乎！民无能名焉。巍巍乎！其有成功也；焕乎！其有文章。'"正是在儒道两大学派创始人的思想之中，人与天地同道，也可以与天地同则，这就形成了中华文化的主流认知思想之一。东汉许慎《说文解字》说：

"天大，地大，人亦大。故大象人形。"当代的《甲骨文字典》："大，象人正立之形，与象幼儿形之'孚'（子）字相对，基本义为大人，引申为凡大之称而与小相对。"《字源》提出，"大，象形字。像正面站立的人形"，是"一个两手伸开两腿分立的正面人形"。

就这两派的思想和后来诸多学派的发展补充来看，"人"何以能"大"？在中华文化中，主要有以下三个支撑点。第一点，人能像地、天、道一样取法自然。第二点，人能效法天道，能在人间世俗中遵循和落实天地自然之道。第三点，天人合一，理由是天人同气、天人同构、天人同律。天地间万事万物都是由清浊二气构成的，所以天人同气；人与天地都是由清浊二气演化的阴阳二气流行生化的，可谓都是阴阳结构，所以天人同构；因为天地四时不忒，"独立而不改，周行而不殆"，而且天地无思无虑，"天无私覆，地无私载，日月无私照"，所以天道阴阳、地道刚柔、人道仁义，具有内在的相似性，都要遵循同一个道的规则。

正是因为人可以"大"，而且人拥有这种与天地同大的思想，中华文化尤其是《周易》思想中把大人作为人格理想的最高典范来对待，只有大人才可以称得上是懂得

第三讲 儒学经典教育的三大目标

天地之道、阴阳之则的人。何谓大人?《周易·乾卦·文言》:"夫大人者,与天地合其德,与日月合其明,与四时合其序,与鬼神合其吉凶。"《孟子·告子上》:"从其大体为大人,从其小体为小人。"《孟子·滕文公下》:"富贵不能淫,贫贱不能移,威武不能屈,此之谓大丈夫。"王阳明说:"大人者,以天地万物为一体者也,其视天下犹一家,中国犹一人焉。若夫间形骸而分尔我者,小人矣。"大人就是能与天地四时自然运转相合,又自觉顺从天地大道立身行事的人,像日月那样无思无虑,自在自为,生生不已。

中华文化将天地人三才思想打通为一体,在天地人的思想中,运用象思维、整体思维和变异思维,在观察天地运行之道的过程中形成民族的心理结构和思维方式。所以,一个效法天地运行之道的人,才有可能进入中国文化的意境,才有可能接受民族思维的训练,才有可能在思维训练中提升自身的生命境界。就《周易》来说,有观物取象、取象比类、类推联想等一系列的思维方式,通过对一切有形、无形形象的感知,提取类似性,获取意象,再过渡到人生的应然之行,在天地人之间找到合作共生的大生态密码,必定能将人的动物性提升到纯粹的人性,更能将人的灵性提升到整个宇宙的高度。

陈曼娜认为："传统文化心理结构在近代社会中的转型，出现了严重的失衡。""从隐性结构来看，被民族情感渗透与驱动的思维方式，出现了绝对两极化的倾向，它不能容忍折衷调和，更反对多元共存，以至于衍化成'左'与'右'的绝对对立并造成后来'左'倾一元独统的文化态势。由思维方式的绝对两极化导致行为方式的偏激化。"[1]中华民族在20世纪上半叶，崇尚新的、奇的、特的一切，反对旧的、正的、常的一切，连累到传统的思维方式也要一起扔掉，不免有洗澡水和孩子一起倒掉的嫌疑。然而，经过改革开放四十多年的发展，我们国家的整个形势发生了大转变，中华民族对自己的传统尤其是对传统思维应该有一个平和的心态，我们应该继承和发展传统思维，既是返本开新也是对全人类的贡献，何乐而不为呢？正如心理学者李廷睿、侯玉波说："问题出现时，我们习惯于从西方的经验、文献与著作中学习问题解决的方法，以至于我们甚至忘记了中国传统文化的宝库中早已经蕴含了非常多的智慧，能够帮助我们解决现代社会中出现的很多问

---

[1] 陈曼娜.传统文化心理结构在近代转换中的失衡[J].史学月刊，1999(01)：42-48.

题。""在儒家文化的熏陶下，中国人在面对困难与挫折时所表现出的应对思维体现出独有的儒家特色。""天命思想会增加焦虑，责任思想会降低焦虑；亲挫折思想和责任思想均会降低抑郁和增加心理韧性个人力。"[1]的确如此，是时候让中华民族思维训练成为我们教育中的重要内容之一，再也不要用"失衡"的心态对待传统了。

三、确立现代价值取向

2014年教育部印发的《完善中华优秀传统文化教育指导纲要》中提到了"价值取向"一词。"价值取向"是价值观的外化，是对事物不同发展方向的选择、取舍、判断。从社会学、教育学的角度来看，价值取向是教育的重要领域，也是当代中国教育发展的重要课题。翟学伟指出，价值取向虽然关乎个人选择，但受其所处的社会文化体系的影响因素更多更直接。而受主流文化帮助和引导的价值取向称为价值导向。[2]檀传宝认为，教育与价值的关系是教育

---

[1] 李廷睿，侯玉波. 儒家式应对的心理结构及其验证[J]. 湖南师范大学教育科学学报，2012(03)：11-18.

[2] 翟学伟. 中国人的价值取向：类型、转型及其问题[J]. 南京大学学报(哲学·人文科学·社会科学版)，1999(04)：118-126.

理论中最基本的命题之一。价值就是事物向主体呈现的意义。价值取向关乎人的价值本性、人的价值、教育的本质，是教育领域中最核心的价值问题。如果说人具有所谓的价值本性，人的生存是价值生存，人类的发展是价值生命的延续，那么，教育活动的本质就是一种人类价值生命的中介环节。而作为运动着的价值生命的中介，教育所要教给下一代的最重要的价值生活能力就是"价值取向"能力，包括价值理想及其学习、创造和追求的能力等。[①]鲁洁指出，当代对"个人"范畴的重新建构，是基于对人之丰富内涵的全面理解的文化理念的重建，其实质在于寻找一种具有时代意义的完整人性。从单子式个人走向世界历史性个人，所要实现的人格转型是根本且全面的。从教育学的角度考察，思维方式和价值取向的转变，在所要实现的人格转型中显得更为重要。价值取向的共同性、共识性、共容性是当代世界发展的潮流，体现了时代前进的方向，必当成为当代教育所追寻的方向与目标。培养以世界历史性个人为旨归的教育，就要引导个体使之具有共在性的价值取向和

---

① 檀传宝.教育是人类价值生命的中介——论价值与教育中的价值问题[J].教育研究，2000(03)：14-20.

第三讲 儒学经典教育的三大目标

人格特征。①

当代学术研究表明,价值取向与课程建设有着紧密的联系。有学者指出,知识本位、社会本位、人本位这三种价值取向是人们对课程形成的基本价值取向。在网络化生存、全球一体化以及知识经济的影响下,课程价值取向上呈现出多元价值的和平共存与多元共生。通过对知识观与社会服务观的重新认识和改造,人们形成了以人文精神为最终追求的当代课程价值取向。②任何课程理性的合理运用是与适用的文化环境相结合的,课程本质上不是"价值中立"或"文化无涉"的纯粹知识活动,它必须具有价值参与的生存环境。因为,课程过程的本质体现为一种价值赋予,体现为一种文化主体的自觉。对"泛科学理性"语境的批判,其主要任务是对被指称的普遍性的挑战③。课程文化的价值取向主要体现在文化根源和文化发展上,即课程

---

① 鲁洁.走向世界历史的人——论人的转型与教育[J].教育研究,1999(11):3-10.

② 刘志军.课程价值取向的时代走向[J].教育理论与实践,2004(19):46-49.

③ 丁钢.价值取向:课程文化的观点[J].北京大学教育评论,2003(01):18-20+76.

文化要有民族性和时代性。考虑到文化的层次，课程文化应树立正确对待知识、技能和智慧的观念，立志塑造人完善、自由的心灵，全面实现课程文化的育人价值；课程文化重在"以人为本"，课程文化的最终价值是关注生命教育，体验生命的深度和理想的高度。课程文化建设，要坚持"以人为本"与"和而不同"，防止顾此失彼与"重硬轻软"，处理好外在与内在的关系。[①]价值取向是课程文化自觉的核心问题。课程文化自觉的价值取向，就是按照一定的课程和文化的价值标准，对课程文化进行价值选择的理性动态过程。主体性、多维性、结构性、生命性、超越性是课程文化自觉的价值品质。保持必要的张力，追求主体性发展、科学人文性、生态课程观、和而不同、课程理解是课程文化自觉的价值选择。课程文化自觉的价值生成通过反思性尝试、规律性把握和创新性超越来实现。[②]由此可知，价值取向不仅是社会问题，也是教育的核心问题；既是课程文化的自觉问题，也是教材的应有之义，所以，

---

① 刘启迪.课程文化：涵义、价值取向与建设策略［J］.课程·教材·教法，2005(10)：21-27.

② 王德如.课程文化自觉的价值取向［J］.教育研究，2006(12)：72-78.

第三讲 儒学经典教育的三大目标

儒学经典教育的目标必须承担民族价值取向的传承和发展任务。

在不同的文化情境中,站在不同的层次上,个人、家庭、社群、国家的价值取向的先后顺序是不一致的。社会主义核心价值观的提出,从某个角度来说就是在回答中国这个当下现实而急迫的问题。在遵循社会主义核心价值观的前提下,在不违背人类基本的价值观念前提下,笔者认为儒学经典教育的价值取向主要集中在两个方面:其一是尽其在我的责任取向,它包括德性对等的自我价值确认,修身为本的自我修身观,从我做起、推己及人、合作共生的积极担当意识,家国同构的天下发展观;其二是天人合作共生的自然主义取向。在中国传统文化中,天人关系犹如欧美的神人关系那样重要、持久,《四库全书总目》在总结《周易》时说:"《易》道广大,无所不包,旁及天文、地理、乐律、兵法、韵学、算术以逮方外之炉火,皆可援《易》以为说,而好异者又援以入《易》,故《易》说愈繁。"[1]进而提出"推天道以明人事"的易学立场观。司马迁在《史记·太史公自序》中也说"究天人之际,通古

---

[1] (清)永瑢等.四库全书总目[M].北京:中华书局,1965:1.

今之变，成一家之言"。中华民族的先人观天象，定历法，"推天道以明人事"，又行人事以复天道，一种天道、人道不二的自然主义大教育观就历史地形成。中国近现代教育，是从国外尤其是从欧美搬过来的，总有点水土不服，所以，中国近现代教育出现各种争论，或多或少有其文化土壤的原因。而将天人关系与当代教育联系起来进行系统思考的人中，叶澜是先知先觉者之一。她提出的"教天地人事，育生命自觉"的中国教育学纲领，既有对中国教育的知识范围限定，也显示出教育价值取向的明晰性，没有生命自觉的教育不是中国教育，没有对天地人事的透彻了解也不是中国教育，而从天地人事的教导中实现生命自觉的育人价值，恰恰是中国教育的最大魅力，它将知识教育与育人教育打成一片贯通起来，而不是像西方当代教育那样将其对立起来，这一点当然也是未来中国教育的最大难点，需要我们本着人性向善的价值引领，在中国教育学上进行一番理论与实践的开拓。

四、养成健全理想人格

健全人格就是理想人格，而在中华传统文化尤其是儒家文化中，君子就是其健全人格的代名词。1914年11月

第三讲 儒学经典教育的三大目标

5日梁启超在清华学校以《君子》为题进行演讲，不仅将传统的"君子"与西方的绅士教育对接起来，更将传统儒家人格现代化，深深融入中国近现代教育中。

"君子"一词定型于西周初年，即公元前10世纪左右[①]，在《尚书》《诗经》《周易》《左传》《仪礼》等先秦文献里面出现较多，但内涵较为单一。只有在孔子对"君子"有了充沛的人生践行、充足的教学实践和丰富的理论阐述后，君子在中国文化中的实践特征和文化内涵才得以确立。"君子"成为传统中国教育尤其是儒家教育的理想人格，也是过往中华文化传承的主要载体所在。君子既要"自强不息"又要"厚德载物"，这也是当代教育根本任务"立德树人"的应有之义。"'君子'是一个具有永久魅力的概念，贯通着中华传统文化发展与演变的历史进程，成为中华传统文化最为突显，也最为稳固的坐标。'君子'意味着超越，不断地超越自我、超越庸俗，是高远境界的标杆，是中国人不懈追求、奋力攀登的人格高峰。"[②]在中国传统

---

① 吴正南."君子"考源[J].武汉教育学院学报，1998(05)：29-37.

② 新时代弘扬君子文化要有新思路——第三届君子文化论坛在江苏华西村举行[N].光明日报.2017-12-4(04).

教育乃至当代社会中，圣贤由于其人格太高远而不是人人可以努力达到的，唯有君子是可以通过自己的修为达到的。"人如果能够体现仁的理想，就是君子。中国教育理论中最重要的一项观念，就是认为一般人可以经由教育而提升自我，达到完美的境界。……教育的终极目标虽然是要让人成为圣人，但君子则是比较实际也能够较快达成的理想。儒家士人的教育目标是至少要成为君子，但个人还是应该努力追求成为圣人的终极理想。"[1]将健全人格、养成君子作为构建儒学经典课程体系的核心目标，解决了培养什么人的问题。目标确定之后，教材内容的选择、教学方式的确定、教师的培训以及评价体系的构建都要围绕这一核心目标来开展。

儒学经典教育必须时刻关注到学生的人格养成，特别是理想人格的塑造。理想人格是指"一定道德原则规范的结晶和道德的完美典型，是一定道德所认定的各种善的集合，也是一定道德为人们树立的最高行为标

---

[1] 李弘祺.学以为己：传统中国的教育［M］.上海：华东师范大学出版社，2017：15-16.

第三讲 儒学经典教育的三大目标

准"①。当下的中国，随着工业化、城市化、信息化的发展，人人无所逃于天地之间的一个共同特点就是职业身份，每个人都追求一份职业。但从文化的角度，相对器物层面、制度层面的变动，文化所蕴含的内在精神则难以变动，显示出巨大的作用力，诚如徐兴无所说："从文化的角度看，具有何种物质或技术成就当然很重要，但是物质生产和技术手段中体现出的文化思想与价值取向更为重要。因为任何物质生产技术都会成为历史，被新技术取代，但是其中的智慧与价值，才是人类创造新技术的资源。"②在《论语·为政》中，孔子说："君子不器。"一个有德行的人，不会为职业所束缚，而是以实现天下大道为目标。不是不要成为专业人才，而是在成为专业人才之后，君子还要有道义意识，不放弃任何可以践行道义的机会，不为"器"所困。

儒学经典教育具有独特的内在价值。它不仅能够"训练感官、发展心智"以及"传承知识、发展能力"，还具

---

① 罗国杰.中国伦理学百科全书(第1卷)[M].长春：吉林人民出版社，1993：287.

② 徐兴无.龙凤呈祥：中国文化的特征、结构和精神[M].南京：江苏人民出版社，2017：156-157.

备"促进人格完善"的重要价值。"培养什么人,是教育的永恒问题。历史上各家各派观点纷呈,教育家们见仁见智,提出了不同的观点,也曾发生过实质教育和形式教育之争,形成过社会本位、儿童本位的对立。尽管观点各异,但总体来说,人格的培养和完善是大多数研究者所认可的目标。"①"在当前时代下,课程价值取向由关注课程知识的传授逐渐转向关注学习者自身的发展和完善。培养具有完整人格的人已经成为时代发展的共识。课程如何培养人,怎么提升人的发展,成为课程专家和教育工作者迫切需要解决的问题。"②在今天,回望儒学经典教育的优良目标,学以为己,充实自己,中庸平和,人格健全,养成君子,这不能不成为今天传承和发展中华优秀传统文化教育的核心目标。

做君子不做小人,理论上获得大多数人认可,但在当下,很多教育工作者担心提倡君子文化而导致"伪君子文化"泛滥:一是由于会给那些表演好事的人以"好人"的

---

① 靳玉乐.课程论[M].第二版.北京:人民教育出版社,2015:50.
② 靳玉乐.课程论[M].第二版.北京:人民教育出版社,2015:51.

第三讲 儒学经典教育的三大目标

奖励[①]，二是由于君子的要求太高，一般人做不到，只能通过伪装博取外在的名誉[②]，三是由于君子"其实更多可以理解为儒家所主张的道德潜能与道德可能性，并不直接等于对平民的道德要求，普通民众有潜能成为君子并不能取代平民道德的具体内容"，"儒家道德对平民缺少约束力"，平等化的公民社会和相对泛滥的价值相对主义，使"本来就面向'小众'、面向君子的儒家道德更加丧失影响力"[③]。这些担心虽然有一定合理性，但不足以影响到君子理想人格养成的必要性。第一点，君子是我们的文化基因之一。不管是古代人还是现代人，民族文化基因序列没有大的变异。君子作为中华民族文化非常具有代表性的基因之一，也不会轻易改变。第二点，在西方文化当中有一个跟我们君子相似的概念，那就是绅士。在近几百年西方文化的强势影响下，绅士的形象塑造很成功，受到世界各大

---

① 张诒三.《论语》中"德"的多维分析及其现实启示[J].道德与文明,2009(04):58-60.

② 张映伟.《论语》中君子含义的演变[J].海南大学学报(人文社会科学版),2009,27(02):138-142.

③ 李育书.儒家道德的当代困境——以君子、平民之分为视角[J].天府新论,2012(06):22-27.

139

文明的欢迎,说明经济发达、社会进步、文明提升与绅士养成不必成相反的关系,而可以是相互促进的。第三点,对君子的理解可能有不到位的地方,总认为君子就是不食人间烟火的非常人,其实,中华文化中的君子始终在人间,不脱离人间,正如《中庸》所言:"道不远人。""君子之道"就在切近之处,其知其行,匹夫匹妇都可以做到。第四点是对君子人格气象不了解。君子不是没有情绪,他有喜有忧、有明有惑、有勇有惧,不过善于调适自己、节制自己而已。第五点是对君子人格的养成之道,也就是教育方式以及评价方式,在理解上有错位的地方。君子的养成,关注先天的禀赋,但更关注后天的养成;关注客观的现实,但更关注主观的努力;关注客体的非理想存在,但更关注主体的合理作为,提倡尊重天性教育、情境教育、引导教育。牟钟鉴开创性地提出"新时代新君子论"。新时代我们需要抓好教育,建好乡社,反腐倡廉,创新儒学理论,建设经济伦理。然而,"办好家庭教育、学校教育,都要求家长教师言传身教。改善民间风气,需要有社会贤达垂范引领。建设政治道德,需要有清官廉吏作则带动。市场经济健康运行,需要一支儒商队伍。焕发儒学生机,需要学者境界高远并知行合一。而上述各领域的道德精英便是孔子儒学着力表彰的君子。这就是孔子所说的'人能弘道，非道弘人'，孟子所说的'使先知觉后知，使先觉觉后觉'。如果不能造就一大批新时代的君子，道德建设是不能成功的"①。

五、多面孔子，唯念君子

按照李零书中所说，《论语》全书共16022字，含重文②，按照杨伯峻的统计，《论语》中"君子"出现了107次，就全部文字来说，"君子"一词出现频率接近百分之二。如果按照学者所说，"'君子'与'仁者'有时可以相通"③，由于君子的本质是仁，故君子之道事实上即是仁道，那么，《论语》中，孔子很多时候都是在讲君子。

虽然孔子说："躬行君子，则吾未之有得。"④（《论

---

① 牟钟鉴.中国文化的当下精神[M].北京：中华书局，2016：215.

② 李零.丧家狗：我读《论语》[M].太原：山西人民出版社，2007：36.

③ 吴正南."君子"考源.武汉教育学院学报[J].1998（05）：29-27.

④ 参照（宋）朱熹：《四书章句集注》，北京：中华书局，2015年版，后面的"四书"引文皆以此版本为准，不再具体标注页码。

语·述而》）"君子道者三，我无能焉。"（《论语·宪问》）但子贡说："夫子自道也。"（《论语·宪问》）即认为孔子就是一个在世的君子。孔子也提到过"圣人，吾不得而见之矣；得见君子者，斯可矣"（《论语·述而》）。仪封人求见孔子后，向孔门弟子说："二三子，何患于丧乎？天下之无道也久矣，天将以夫子为木铎。"（《论语·八佾》）所以，无论从孔门内部还是外部来说，孔子就是以君子人格来要求自己的言行的，他就是君子在现实世界中的呈现。

孔子在《论语》中频繁说"君子"，足见其重视，但君子这个概念早已有之，"五经"中多有论述，各有侧重点，但作为一个儒家人间教化的终极人格形塑，却始自孔子。孔子如何将内涵丰富、具有多样性的君子进行内涵的浓缩和提纯，而且落实到教育、教化的过程之中？这除了他为改造天下而培育为政新主体的深沉希望，也与孔子自身的宽广、丰富、多样的生命和生活体验有关。

孔子，名丘，字仲尼，鲁国人，出生于公元前551年，去世于公元前479年。其生活时代正是春秋晚期到战国前期的时代交替之际，周天子权势衰落，诸侯国争战不已，社会失序，对于当时的民众来说，当时绝对是多难之秋，是一个悲惨的时代，但对于内心敏感、富有道义感的孔子来说，时代给他提供了思考的素材，如何让天下安定，民众安居乐业，社会精英有教养，成了他终生思考的问题，并据此提出系统的思想并付之于教学实践，所以他才成为中国古代乃至全世界最重要的思想家、教育家之一，才成为儒家学派创始人。但这些成就的取得与孔子的成长经历密切相关，因为孔子还有很多的独特面，而这些独特面，从多方面为孔子的君子观提供了正反两方面的启迪。

首先，没落贵族后代

孔子的祖先是宋国的贵族。"其先宋人也，曰孔防叔。"[①]但因宋国贵族内部的权势欺压，只好迁移到鲁国，等到孔子出生时，家道已经衰微之极，"孔子贫且贱"[②]，甚至被身为大夫的下属看不起，"孔子要绖，季氏飨士，孔子与往。阳虎绌曰：'季氏飨士，非敢飨子也。'孔子由是退"[③]。应该说这一次碰壁对孔子的心理打击是很大的。乃

---

① （汉）司马迁.史记（点校本二十四史修订本）[M].北京：中华书局，2013：2297.

② 史记（点校本）[M].北京：中华书局，2013：2302.

③ 史记（点校本）[M].北京：中华书局，2013：2300.

至成年后作为大司寇代摄相事时,因为鲁国国君没有及时分给他祭祀的肉,他就决定离开故国。《孟子·告子下》记载:"孔子为鲁司寇,不用,从而祭,燔肉不至,不税冕而行。不知者以为为肉也,其知者以为为无礼也。乃孔子则欲以微罪行,不欲为苟去。君子之所为,众人固不识也。"孟子的辩解是一回事,但孔子对因礼遇而触发的敏感的确是有缘由的。按照当代的说法,孔子家庭教育资源不丰富,"无爹可拼"。在孔子身上,可以看出,出身对君子养成没有决定关系。

其次,单亲大家庭儿童

父母"野合"(父亲年龄太大,母亲年龄偏小,不合常规礼仪制度规范)而生孔子,一出生,头顶不平,中间低四周高,其貌不扬,有九个姐姐,一个跛腿的哥哥,更为悲惨的是,他三岁丧父,十七岁丧母。"伯夏生叔梁纥。曰虽有九女是无子。其妾生孟皮,孟皮一字伯尼,有足病。"[1]按照现代心理学的说法,他是一个贫困单亲大家庭长大的孩子,从小父爱缺乏,心理健康水平或许堪忧。从

---

[1] 王国轩.孔子家语·本姓解[M].王秀梅译注.北京:中华书局,2011:455.

孔子身上可以看出，即使原生家庭不完美，也不影响孔子的人格追求，孔子从生理到心理都无执着、癫狂之象，可见原生家庭对君子的养成无决定关系。

第三，职场平凡人

青年时，孔子曾当过两个小官职："乘田"和"委吏"。乘田就是主管畜牧的小官，委吏是个管理粮仓的小官。"及长，尝为季氏史，料量平；尝为司职吏而畜蕃息。"① 所以有人说孔子是天生的圣人，孔子立马极力否决，"吾少也贱，故多能鄙事。君子多乎哉？不多也"（《论语·子罕》）。意思是说自己小时候生活艰难，所以能干很多粗活，像他这样的"君子"并不多。孔子的"基层公务员"经历，让他能直面生活的平凡和琐碎。生活和工作的考验，对于一个心怀理想的人来说是职场处逆，但这正是君子修炼的第一现场。

第四，出"国"（诸侯国）留学人员

孔子有很多老师，同时他还走出过鲁国，去当时的各诸侯国游学。子贡说："夫子焉不学？而亦何常师之有？"（《论语·子张》）"鲁君与之一乘车，两马，一竖

---

① 史记（点校本）[M].北京：中华书局，2013：2302.

子俱,适周问礼,盖见老子云。""与齐太师语乐,闻韶音,学之,三月不知肉味,齐人称之。"[1]按现在的说法他留学了,是一个心胸和眼界都很开阔的人。要想成为君子,那么热爱学习,多方学习,开阔视野,确实是君子养成的重要一步。

第五,成功的"民办公务员培训学校校长"

孔子开办了一所学校,很有吸引力,一些贵族都认识到将自己的孩子送到孔子学校接受教育的必要,"孔子年十七,鲁大夫孟釐子病且死,诫其嗣懿子曰:'孔丘,圣人之后,灭于宋……吾闻圣人之后,虽不当世,必有达者。今孔丘年少好礼,其达者欤?吾即没,若必师之'"。三十五岁时,有很多的弟子向他求学。"孔子自周反于鲁,弟子稍益进焉。"[2]关键是他的弟子出仕的很多,子路、子贡、冉有都以政事著称,都是诸侯或大夫的干才,其他弟子也多从政,如"子游为武城宰"(《论语·雍也》)。孔子也积极鼓励弟子出仕,"子使漆雕开仕"(《论语·公冶长》)。很多诸侯国或大夫都让他推举人才。"季康子

---

[1] 史记(点校本)[M].北京:中华书局,2013:2303.
[2] 史记(点校本)[M].北京:中华书局,2013:2303.

问：'仲由可使从政也与？'子曰：'由也果，于从政乎何有？'曰：'赐也，可使从政也与？'曰：'赐也达，于从政乎何有？'曰：'求也，可使从政也与？'曰：'求也艺，于从政乎何有？'"（《论语·雍也》）孔子四十二岁以后，"故孔子不仕，退而修诗书礼乐，弟子弥众，至自远方，莫不受业焉"①。君子不仅可以创业，而且创业也不仅仅为了生存，也可以是作为君子修炼的重要场所，创业就要创成就君子的大业。

第六，鲁国高级官员，改革的先锋人物

孔子初仕，为中都宰。后又当了小司空、大司寇，代摄相事。"其后定公以孔子为中都宰，一年，四方皆则之。由中都宰为司空，由司空为大司寇。""定公十四年，孔子年五十六，由大司寇行摄相事。"②儒家是要为天下担当责任，所以他也没放弃参政的机会，并一度成为鲁国的高官。孔子一生主要的政治舞台是在内忧外患不断的弱国鲁国。鲁国是周公旦的封地，实际是由其子伯禽具体开国。鲁国的国力一般，但是有一个最大的优势就是它把西周的礼乐

---

① 史记（点校本）[M].北京：中华书局，2013：2307.
② 史记（点校本）[M].北京：中华书局，2013：2311.

制度基本照搬过来,所以天下的礼乐制度在西周灭亡之后以鲁国为代表。这样的鲁国其实是内忧外患不断,内忧是季孙氏、孟孙氏、叔孙氏三个卿家贵族掌握着国家实权,而作为诸侯国的国君,鲁君要么被流放,要么被挟持,反而居于次要的地位。鲁君想要改变,所以孔子一度是改革的先锋,他推进了一系列的政策,也曾经帮着鲁君让齐国国君的阴谋没有得逞,在外交上取得了重大的胜利。君子不回避从政,只要得其位,就要勇于任其事,敢闯敢干乃君子之责。

第七,生前"丧家狗",身后"素王"与"先师"

孔子在世时,就以"知其不可而为之"而闻名,但孔子不离不弃,乃至有"丧家狗"的比拟,虽然孔子也欣然接受,可是他尚在世时,便前有颜渊崇拜般的赞叹:"仰之弥高,钻之弥坚;瞻之在前,忽焉在后。夫子循循然善诱人,博我以文,约我以礼。欲罢不能,既竭吾才,如有所立卓尔。虽欲从之,末由也已。"(《论语·子罕》)后有子贡的真诚捍卫,以"数仞宫墙""不可阶而上之天"为喻,认定"夫子之得邦家者,所谓立之斯立,道之斯行,绥之斯来,动之斯和。其生也荣,其死也哀,如之何其可及也"(《论语·子张》)。后世给他的声誉越来越大,其

第三讲　儒学经典教育的三大目标

中一个就是"素王",虽然他没有当过一天诸侯国的国君,也不是东周的天子,但是他一生下来就是王,所以叫"素王"。他是大成至圣先师、中国文化的奠基人,他知道自己要干什么,而且终其一生坚守。老子说"死而不亡者寿",张载说"死而不亡者可以言性"。不以现世的功名利禄最大化为目的,正是孔子一生的真实写照,所以君子不以现世为限,要追求精神永存。

孔子就是在那样一个乱世出生,出生前的家族文化在他身上有所体现,出生后的现实世界也直接左右着他的生活乃至思想,但后天的他,结合现实困境和文化遗产,好学深思,谨守信念,用一生践行了自己的"学、仁、礼"的儒家信念,终于用他那独特而隽永、曲折而正直、栖栖遑遑而丰富多彩的一生,为后世的中国人确立了一个可以打破出身局限、地域局限、族别局限、文化局限、功利局限乃至知识局限、阶级局限的大写人生之典范,所以后世的"自天子以至于庶人,壹是皆以修身为本"的人格平等养成观,才能在中国大地上出现。

孔子,终其一生,让自己成为一个大写的人,让其弟子们成为一个大写的人,也努力让世人成为一个大写的人,虽然成效寥寥,却为中国文化的未来奠定了可持续发展的巨大空间，并且为这个空间命名为"君子"。孔子的多面和君子的一念，虽相反而相成。后人致敬孔子，不能抽象化孔子，而要体会其超越一切现实局限的人格理想追求；后人学为君子，不是模仿孔子，而是要沿着孔子开拓的丰富多样化的生命境界实现人格的丰满、平等和尊严。

第四讲

从"新五经"到"新十经"

第四讲 从"新五经"到"新十经"

中华传世经典众多，遴选哪些经典？经典教育如何有效落地？这仍然是中华优秀传统文化教育尤其是儒学经典教育发展过程中需要迫切解决的两个重大问题。

一、经典之衰：课时竞夺的现实抉择

经史子集，经典繁多，汗牛充栋，仅经学元典就有"四书五经"和"十三经"两个系列，古人皓首穷经也未必能穷通重要经典。在当下，知识产品极大丰富，信息快速传播，效率至上，必须从严、从紧、合理选择有限的、具有内在一致性的经典作为文化传承发展的文本。

儒学经典课程的精简在历史上曾发生过，从重视"五经"向注重"四书"是宋元交替时期的一次成功转换。晚清教育变革也是一次转换，但它与宋元教育变革完全不一样，从教育目的、教育制度到课程、教法、课时和评价手段等都发生了巨大的转变，其中儒学经典课程的废除是随着共和政体的接替而快速完成的，其中原因大体是时势造

就的。但冷静思考一下,当东西方教育内容产生接触,需要相互借鉴和融合的时候,课时竞夺就无可避免发生,不管这种对课时的竞夺是出于自发还是被迫。所谓课时竞夺就是有限的教学时间与近乎无限的学科课程内容之间无法匹配之后所产生的一种课程内容与课时之间的决定课程开设与否的竞争状态。这一竞夺状态从中国近代教育一转型开始,就被敏锐的传统知识分子捕捉到了,甚至在民族、国家和文化生死存亡之际感到焦虑而提出了让儒学经典从课程课时中主动削减、退让的动议,这方面的感受以参与晚清学制改革而去日本考察教育的吴汝纶为典型。1902年,桐城派殿军人物吴汝纶受命东渡日本考察学制。吴氏一行赴日本三月后,九月初十日吴汝纶在给张百熙的信中说:"欲教育之得实效,非大减功课不可。"[①]同年稍早一点的《答贺松坡》中,他就指出:"新旧二学恐难两存。"日本各界对如何保存"中学"的意见大不同,"此邦有识者,或劝暂依西人公学,数年之后再复古学;或谓若废本国之学,

---

①吴汝纶.与张冶秋尚书(选录)[A].璩鑫圭,唐良炎.中国近代教育史资料汇编·学制演变[Z].上海:上海教育出版社,1991:131-132.

第四讲 从"新五经"到"新十经"

必至国种两绝;或谓宜以渐改,不可骤革,急则必败"①。吴汝纶在即将离开日本回国之际更是说:"鄙心所疑者,在中学科目太多,时刻太少,程度太浅,余则似无可议。"②这一课时竞夺导致课程变化的"不得已",其实在晚清民初《四书》课程设置变化中也体现出来了。清末民初《四书》课程化经历了"全存"("中学为体,西学为用")、"点存"(存古学堂)、"珍存"(保存国粹)、"废止"(废止读经讲经)、"尊存"(尊孔读经)、"删除"(删除"读经")六个主要阶段。1916年后,《四书》课程为新的修身课、公民课所取代。③虽然这种设置过程中涉及思想立场的不同,但课时紧张却是无形的大手在后面紧紧控制着课程设置的发展进程。

在现代中国教育体系中,课程时间的竞争尤为激烈。随着信息时代的到来,社会进步的步伐加快,学生需要掌

---

①吴汝纶.答贺松坡[A].璩鑫圭,童富勇.中国近代教育史资料汇编·教育思想[Z].上海:上海教育出版社,2007:429.

②吴汝纶.答大学堂执事诸君饯别时条陈应查事宜[A].璩鑫圭,童富勇.中国近代教育史资料汇编·教育思想[Z].2007:425.

③祝安顺."西学未兴,吾学先亡"的进程、成因及演变——以清末民初中小学《四书》课程化为例[J].全球教育展望,2021(09):15-31.

握的知识内容日益增多。全球化背景下，外语学习成为必要，这促使许多课程必须从儿童时期开始。然而，在满足日常生活和成长需求之后，青少年可用于有效学习的时间实际上相当有限。此外，随着中国现代教育课程体系的完善，校本课程、地方课程与国家课程的层次化、精细化和竞争性日益增强。然而，从人类发展的宏观视角审视，一些基本且普遍存在的问题仍需通过教育来传承和发展，例如生死观念、生命价值与意义、身心健康、人际合作、群体间交流与合作以及人与自然的和谐共处等问题。每个民族在其发展历程中都孕育了独特的文化传统，这些文化传统具有其固有的特性。生态多样性和文化多元性的共存共荣是人类在全球化时代实现良性发展的基础和保障。因此，儒学经典教育在当代乃至未来中国教育中的复兴，无疑将承担起其不可替代的历史责任。

二、"新五经"之光：照亮经典之路

1995年以来的经典诵读热得以让经典重新回归学生的阅读生活中，但就经典教育的教学内容遴选来说，核心经典的选取就是相对重要而难以抉择的问题。2014年3月教育部在《完善中华优秀传统文化教育指导纲要》中针对传

第四讲 从"新五经"到"新十经"

统文化教育的完善强调:"教育内容的系统性、整体性还明显不足。"①2019年3月教育部在《加强和改进中小学中华优秀传统文化教育工作方案》中又强调:"一是内容安排系统性不够,存在碎片化倾向。"需要通过系统化的方法来解决经典遴选这一时代积累的问题。

推出"新五经"是对中华经典课程核心内容进行遴选的尝试。2022年,笔者等人研发了一套以《大学章句》《论语集注》《孟子集注》《中庸章句》《周易本义》五部经典文本为核心的"中小学经典教师读本系列",简称"新五经"系列,就是对重建经典课程这一时代要求的有力回应。②

选择这五部经典并称之为"新五经",从前辈学者牟宗三到杨儒宾已有这个提法。杨儒宾说:"'四书'加上理学版的《易经》,笔者杜撰名曰:'新五经'。'新五经'当然不是已建立的通称,而是方便的称呼。但宋明理学的经典依据当以这五本书为主,前儒已有是说,牟宗三言之尤为剀切。所以就内容而言,'新五经'之说并非自我作

---

① 中华人民共和国教育部.完善中华优秀传统文化教育指导纲要[N].中国教育报,2014-04-02(03).
② 祝安顺.新五经重塑经典课程[N].中华读书报.2022-12-07(15).

古,而是不折不扣地接着讲。"并认为,从"五经"到"新五经"的典范转移是中国文化史的一大事因缘,也可说是一场宁静而影响深远的精神革命。理学各学派依赖的经典依据各不相同,但几乎都从这五本经典汲取精华,以立宗旨。"新五经"的成立意味着儒家体用论诠释模式正式确立,儒家的文化关怀和性命之学的追求在此新的文本上合而为一。①

这套读本吸收和借鉴了中国台湾地区和新加坡的经典教育的正反经验,也是对山东省经典教育经验的进一步凝练。台湾地区从1968年到2009年在高中阶段开展以"四书"为核心内容的《中国文化基本教材》教育实践,成效较为明显。新加坡在20世纪80年代按照儒家伦理思想主题编撰的《儒家伦理》教育实践,主题清晰、内容简略、针对性强,但失去了经典文本的系统支持,这套名家集体编创的教材虽有所实施,但不到十年就不再继续使用。历史的正反经验说明,不依托儒学经典文本的主题教学,很难成为经典传承的有效方式。

---

① 杨儒宾. 从《五经》到《新五经》[M]. 上海:上海古籍出版社,2019:序言和封底.

第四讲 从"新五经"到"新十经"

三、"新十经"之辉：经典课程与教材体系构建

中华经典课程体系建设不仅是一项系统建设工程，更是一个系统操作过程。为了更好地将"新五经"落实到教育实践当中，我们需要达成两个目标：其一，构建中华经典尤其是儒学经典的母课程与教材系列。在未来十年内，逐步构建一套针对中小学教师以及有关儒学经典传承者的经典课程体系，以此作为母课程逐步演化为各级各类学校以及社会细分行业的经典子课程。其二，在未来十年内逐步研发有针对性的儒学经典课程，出版系列的儒学经典教材和读本。

就第一个目标而言，儒学经典母课程可以由中华经典常识课、中华经典基础课和中华经典提高课三类课程组成，它既要以传统的"新五经"为基础，同时又要面向近现代的文化发展，吸收其优秀成果，拓展经典的历史延伸。

第一，中华经典常识课，即中华经典概要介绍，需要讲清楚如下问题：亲近经典的缘由，中华文化的核心范畴、核心思想、人格养成，中华经典的特质特征，中华民族特有的思维方式，中华思想文化的实践性，中华经典教学书目的遴选内容和理由等。

第二,中华经典基础课,它包括两个模块。第一模块是"四大名著"与家国天下,需着重讲清楚如下主题:《西游记》与修身之道,《红楼梦》与齐家之道,《水浒传》与立业之道,《三国演义》与天下之道。第二模块是四书研读与合理人生,要讲清楚如下主题:《大学章句》与人生规划,《论语集注》与乐学人生,《孟子集注》与勇义人生,《中庸章句》与诚信人生。

第三,中华经典提高课,也包含两个模块。第一模块是《周易》研读与思维训练,即引导学习者快速迈进《周易》之门,要让其体验易,读懂易,读懂卦,读懂爻,读懂象,读懂数,懂占断;要重点讲解《乾》《坤》二卦以及《文言传》,即天地之道和龙马精神;要将《周易》中包含的精气思想、阴阳思想、五行思想等核心思想进行讲解;重点传授《周易》中蕴含的象思维、整体思维、变易思维等中华民族特有的核心思维;并结合《屯》《蒙》《咸》《恒》四卦的学习,以此来指导学习者的创业、教育、爱情、家庭等人生实践。第二模块是毛泽东思想与文化融合,主要讲解以下主题:《毛泽东选集》选读研读,马克思主义中国化,毛泽东与孔夫子,毛泽东思想与未来中国文化。

基于第二个目标,我们希望形成一个从实践到理论总结、从教师读本到学生读物、从系列读本到系统教材的编撰和出版规划，但这些教材只是作为课程的母教材，针对不同的学习者，其内容选择还要有所侧重。第一类，综述性读本，如《中华经典教育概论》；第二类，积累性读本，如《中华经典常识教师读本》；第三类，导入类读本，如《四大名著文化评注本》；第四类，基础类读本，如《四书教育读本》；第五类，提高类读本，如《周易教育读本》；第六类，传承类读本，如《革命经典研读》；第七类，教学法类读本，如《经典研读与思维训练》《经典研读与价值取向》《经典研读与人格养成》。如此一来，21世纪儒学经典课程建设中的内容就从传统儒学经典的"新五经"拓展到"新十经"，其目的就是为了将中华优秀传统文化与社会主义革命文化乃至与先进文化相贯通，在经典研读中通过思维训练、价值取向和人格养成实现"人文化成"的人文经典教育效果。

四、实践之翼：托起"新五经"到"新十经"的发展

第一，综述性读本的必要性：回顾百年经典教育发展历程与未来展望

《中华经典教育概论》主要对中华经典教育的内涵和外

延、教育思潮、历史发展、经验总结、基本问题和未来趋势等理论与实践做一个较为全面的概述,只有如此我们才能了解中华经典教育的过去、现在和未来,才能明晰中华经典教育的历史责任和使命担当,从过去经典教育实践的成败中汲取智慧,为中华经典教育的稳步发展做好基础工作。

第二,常识性读本的必要性:尽可能在传统文化知识体系内部传承发展传统文化

"新五经"组合系列建基在初具规模的现实聚合支撑系统之上,因此需要编写一本《中华经典常识教师读本》。经历了特定时代也就是现代性对传统经典进行了彻底批判的时代之后,儒学经典已经从神坛跌下,大多数中国民众与传统经典出现了断绝,为了再次对儒学经典有一个真实的理解,必须对与儒学经典紧密有关的部分进行恢复性、积累性的必要学习,如经学常识、理学常识、礼学常识,还有与儒学经典教育直接相关的传统"小学"常识,也就是中国古代的文字学、音韵学和训诂学,而与儒家学术人物思想表达密切相关的诗词则也需要有所了解。为了了解和掌握这些在传统上是知识文化人必备的基础知识和基本技能,避免以近现代人的"后见"替代"前见",不能以今人之心理解古人之思,避免错位理解,我们可以借鉴民

第四讲 从"新五经"到"新十经"

国初年读书人的理解,他们即便使用和借鉴了外来的知识和理论,但有相当一部分还依旧遵循传统理解,其理解古人思想的可信度相比现代人可能高一点,如民国学人徐敬修编撰的《国学常识》等。

第三,导入类读本的必要性:**把"四大名著"从"奇书"转为"正书"读**

新旧经典替换是古今中外思想发展、变更的普遍现象,从民国新文化运动开展以来,随着白话文代替文言文,白话小说中的经典著作就被置于替换传统经典尤其是四书的位置上,其中以《西游记》《红楼梦》《水浒传》《三国演义》《聊斋志异》等最为显著,在20世纪五六十年代,逐步形成了以《西游记》《红楼梦》《水浒传》《三国演义》为系列的"四大名著",但这主要是从文学角度也就是传统的集部来定性的。据季风的研究,1949年之前,中国还没有"四大名著"之说,只有冯梦龙所说的"四大奇书"。真正以"四大名著"的名义出版这几部小说是在20世纪90年代以后。[①]对此,有学者说:"'四大奇书'这一术语,是比

---

① 季风.季风讲四大名著里的故事[M].广州:广东旅游出版社,2019:3、4、6.

照'四书'而来的,《大学》《论语》《孟子》《中庸》是'四大正书',《三国志演义》《水浒传》《西游记》《金瓶梅》(著者注:后被《红楼梦》替代)则是'四大奇书','正书'代表的是大传统,'奇书'代表的是小传统。"①从这个历史发展的角度来说,当今我们既要尊重历史发展过程中形成的文化成果,又要明白其替换转变的内在脉络。在当下,我们除了认可和继续按照文学性来对"四大名著"进行教学之外,更要从文化传承的角度,把"奇书"与"正书"做一个很好的对接,将历史文化的大传统和小传统有效融会而不是对立分割。甘阳在《"文化:中国与世界"新论·缘起》中就以胡适的近现代读法与和尚、道士、秀才的传统读法做过比较。他认为,胡适引进西方科学实证方法以考证文本,虽在文学方面有其贡献,却也因此将中国古典文学研究引入死胡同。胡适反对以中国传统儒道佛的观点来解读中国古典文学,视儒道佛为《西游记》解说的大敌。事实上,和尚、道士、秀才对《西游记》的了解较其更为透彻和深刻,这可以在当下欧美、日本、中国对这

---

① 陈文新.中国文化视野中的"四大名著"[J].文化软实力研究.2019(02):24-34.

第四讲 从"新五经"到"新十经"

部著作的所有研究成果中得到印证。①

笔者对"四大名著"作为儒学经典教育的切入读本，从文本价值阐释和思维方式训练的角度，提出新的论证。

1."四大名著"是从中华优秀传统文化这条大河中历经长时段生成的文化结晶，不可能脱离传统文化尤其是儒家思想的深刻影响和制约，一定或多或少具有儒学经典的内在价值诉求。本此，笔者站在传承发展的角度而不是批判解构的角度，认为《西游记》其实就是通过神魔小说的形式在讲述一个人的修身之道，唐僧既是身体也是心的形象，孙悟空就是天地赋予人的心之形象，猪八戒就是人生而有之的情欲之形象，沙僧就是人性之形象，白龙马就是人为人处世时体现出的意志之形象，一个人的修身用五个人物塑造的形象来表现，非常生动也非常贴切；如此类推，《红楼梦》与"齐家之道"，《水浒传》与"立业之道"，《三国演义》与"天下之道"，其实都有较为明显的内容关联度。季风认为阅读"四大名著"文化获益之处很多："通过读

---

① 甘阳."文化：中国与世界"新论·缘起[A].丁耘.儒家与启蒙：哲学会通视野下的当前中国思想[Z].北京：生活·读书·新知三联书店，2020：4.

《三国演义》，我们可以了解天下为公的思想理论，明白无论何时都不要以一己私利而抛弃天下公义；通过读《水浒传》，我们知道了让老百姓'宽心'，遏制腐败才能实现国家的长治久安；通过读《西游记》，我们可以不再被迷茫所困，因为脚踏实地的探索往往比一步取得'真经'更加受用；通过读《红楼梦》，我们不再相信命运，这部看似带着'宿命论'色彩的小说，其实是在告诫人们，命运其实就是一点一滴积累起来的行为，行善行德必会幸福圆满，而不劳而获、信神信鬼终将走向衰败。"①

2."四大名著"的人物形象、故事现象以及文化现象充斥着四部书稿的各个方面，这正是启迪学习者理解中华民族思维特有的本源性思维——象思维的极为合适的内容。笔者曾撰文指出，如果我们一定要追问为什么不能丢失孔子，不能不传承儒学经典，一个恰当的答案就是"孔子的学术不但给了我们基本的价值观，还给了我们科学的思维方式"②。其实，象思维训练，与当代中国人特别熟悉

---

① 季风. 季风讲四大名著里的故事[M]. 广州：广东旅游出版社, 2019：前言2-3.

② 朱杰人. 经学与中国的学术思维方式[N]. 文汇报. 2005-11-27（6）.

第四讲 从"新五经"到"新十经"

而切近的就是"四大名著",就是在理解名著文本中的回目标题、诗词、事物形象、人物形象和故事现象之中,通过阅读、理解"四大名著"的各类物象,理解其文化中的意象,从而知道作为当下的自己,在面临类似的问题时,自己如何去选择,如何去践行,进而获得一个相对圆满的人生。因此,当下要对"四大名著"文本中的文化现象、文化典故、文化事件等显性与隐性词汇进行全面且认真地解读,并突出其与四书的标出性,这实则是相反相成之举。尤其是要凸显其与修身、齐家、治国、平天下的相关性,以配合"四大名著与家国天下"课程的开展,进而研发和编撰《四大名著文化评注本》。

第四,基础类读本的必要性:合理规划人生,学会为人处世

在当代,"四书"教育与现代教育的差异明显[①],有学

[①] 汪福仙.简议《四书》经典与现代教育的差异[J].文教资料,2015(09):9-12.论文中总结道:《四书》以"孝"开篇,现代教育以识字为任务;《四书》以"知"为基础,现代教育以尊重个性为基础;《四书》以反省自己为进步条件,现代教育以表扬、奖励为激发进步的手段;《四书》以求学问为目的,现代教育以学知识为目的;《四书》教育目的在"得",现代教育口号是"德为先"。

者认为"四书五经"不是优质的传统文化资源,它只具有历史价值。[①]但也有学者强烈呼吁四书应该进中学课堂。为什么儒学经典课程中要开设四书研读呢?

  1. 四书具有经典课程的先天优势。杜成宪等学者通过识字量、知识点、课程设置三方面的探究发现:童子在读完"三百千"后便基本克服了学习四书的文字障碍,"三百千"与四书知识点的重合在30处以上,两个轮次的四书课程设置分别规定了以克服文字障碍为主和以理解思想旨趣为主的分层课程目标,这就为古时童子识字启蒙后继续学习四书创造了条件。从识字量的角度看,当今的小学生在四年级时所掌握的单字量显著高于古时童子学毕"三百千"时的单字量,应当基本可以胜任阅读四书。如果考虑到知识阅历方面的因素,迟一些,到第三学段即五六年级时,学生就更加具备阅读乃至理解四书的能力了。当今中小学生按照《大学》《论语》《孟子》《中庸》

  [①] 张鸿. 不应将"四书五经"列为大学生通识教育必修课——从是否应当设置"国学一级学科"的教育行政政策之争谈起[J]. 历史教学(下半月刊), 2010(09): 66-70.

第四讲 从"新五经"到"新十经"

这样的学习次序学习四书仍是更加合理的。①

2. 中国台湾地区有成功实施以《四书》为主要内容的《中华文化基本教材》的先例。

3. 国内学者的强烈呼吁。2008年郭齐勇撰文《"四书"应该进中学课堂》，认为四书不仅保存了儒家先哲的思想和智慧，也体现出早期儒学的嬗递轨迹。它蕴含了儒家思想的核心内容，也是儒学认识论和方法论的集中体现。今天，卸下历史给予四书的种种负累，回到四书的原典，我们仍然可以从中汲取古人的智慧，用它来滋养我们的思想。"培养一个对社会、国家、民族有用的栋梁之材，不管他将来做什么事业，根子要扎正，特别是做人的教育，人文的教育，道德的教育应视为根本。这正是'四书'进中学课堂的重要理由。"②后又撰文分享其在武汉大学开设两类《四书》课程的经验。③对于郭齐勇的建议，支持者表示

---

① 杜成宪，阴崔雪，孙鹏鹏.童子凭什么读"四书"？——古代"《小学》终，至'四书'"的课程设计探由[J].全球教育展望，2018(10)：77-89.

② 郭齐勇."四书"应该进中学课堂[N].光明日报.2008-04-14(12).

③ 郭齐勇.我开的两类"四书"课程——作为通识教育与作为专业训练的国学经典课[J].中国大学教学，2012(09)：15-18.

赞同。"将'四书'作为国民教育的基本内容,这是避免中国传统文化'博物馆化'的需要。"[1]当代教育学者刘良华就推崇唐文治的课程设计:"小学应以诵念《四书》为主,初中巩固《四书》,同时初涉《六经》简选本,使诵念和讲解适当结合。高中《四书》《六经》之外,应兼及庄老诸子。都是简读、选读,并不复杂,也无须花太多的时间……主要是经典的熏习,且以不影响其他学科和现代知识的吸取为条件。"[2]

4. "四书"为主的课程在大陆中学不断推进。2013年9月,两岸高中中华传统文化教育交流研讨会广州专场在华师附中举行,内容以儒学经典"四书"为主。据试点学校深圳科学高中的副校长赵爱军介绍,新引进教材共计选入《论语》168章、《孟子》50章、《大学》4章以及《中庸》4章。上海有三所高中成为该教材的试点学校,其中复旦附中语文特级教师黄玉峰称,他早在1997年就开始四书教育,且教学效果良好。

---

[1] 陈文新."四书"进中学课堂确有必要[J].成才之路,2008(25):90.

[2] 刘良华.关于读经教育的建议[J].上海教育科研,2016(10):1.

第四讲 从"新五经"到"新十经"

5. 四书是大学通识教育的核心经典读本。2005年，中山大学甘阳在北京主持召开了有数十所大学参加的"中国大学的人文教育"会议，由此为起点，四书逐渐成为部分大学通识教育的核心课程。成都大学就较为成功地实践过。①2011年，中山大学人文高等研究院和清华大学国学研究院在广州联合举办海峡两岸暨香港高校"《四书》教学研讨会"，探讨作为通识教育的四书教学在当今的大学人文教育体系中所面临的现实与挑战。②

四书作为重要的大中小学教育内容是一个不可回避的现实情况。我们提出的《四书教育读本》设想主要是将朱熹《四书章句集注》中的有关理学和教育的文字加以选录，附上民国时人的依据朱熹注释文字的译解，以此增进我们对《四书章句集注》的全面了解。配备《四书自修读本》，主要是让教师直接对四书的白文进行句读，增进对文本的熟悉程度，此书可以根据教师的教学需要分成初级、中级和高级三个版本。

---

① 郑昭艳. 近年来《四书》研究与教育述评[J]. 亚太教育, 2016(07): 282.

② 李纯一. 四书究竟应该怎么教[N]. 文汇报, 2011-12-12(011).

第五,提高类读本的必要性:训练以象思维为主的民族思维方式的最佳教科书

比较早重视挖掘《周易》教育思想的学者当推黄寿祺,他格外关注《易传》中所蕴含的孔子教育思想,认为开展相关研究,应当将《易传》与《论语》同样重视起来。[①]《周易》是将人的生命与天地人之道整体挂钩,周易之道最终是为人的生命服务的。"《周易》将整个宇宙视为一个有机的生命体,在阴阳交互作用中这一生命体一直处于'生生不息'的状态中。"[②]生命的成长本身就是教育最主要的内容,柯小刚根据《周易》深挖其教育思想:《易经》所体现的孕育—教化模式的万物创生图景,决定了中国教育思想的本源是立足于生命成长的关切;《易经》不仅是中国经典和中国文化逻辑的开端,而且是富有教育思想内核的原点,以此去挖掘中国教育思想的本源,从而发现中国教育的文化逻辑;《易经》作为教育思想,从根本上说,它

---

① 黄寿祺.从《易传》看孔子的教育思想(节选)[J].齐鲁学刊,1984(06):42-45.

② 张文智.试论《周易》中的生命哲学[J].周易研究,2007(03):63-72.

第四讲 从"新五经"到"新十经"

就是一部教育学的经典。① 张其成从中医文化的角度提出,以《周易》为代表的取象思维方法,就是在思维过程中以"象"为工具,以认识、领悟、模拟客体为目的的方法。取"象"是为了归类或类比,它的理论基础是视世界万物为有机的整体。"象"思维方法是和"象"思维模型分不开的。"象"实际上就是一种思维"模型"。② 张其成重点强调,易学象数思维方式是中华传统思维方式的元点和代表,正是这种思维方式决定了中国传统文化的面貌、特性和走向,决定了中华民族特有的价值观念、行为方式、审美意识及风俗习惯。③《周易》具有极为深刻的积极人格心理学思想,集中体现在对君子人格素养的概括及其形成途径的探讨。在《周易》中,君子的人格素养主要有10项:仁爱、正义、知礼、知幾、自强、谨慎、谦虚、诚信、持之以恒、勇敢。君子人格素养的形成途径以"感应万物"为前提,以"反

---

① 柯小刚. 孕育教化与生命成长:通过《易经》发现中国教育思想的本源[J]. 教育研究,2020(04):46-51.

② 张其成. "象"模型:易医会通的交点——兼论中医的本质及其未来发展[J]. 周易研究,2002(02):71-80.

③ 张其成. 象数思维方式的特征及其影响[J]. 安徽教育学院学报,2001(01):1-5.

身修己"为根本。具体的培养方法有5种：进行心性修养、坚持知识学习、加强情绪管理、磨砺坚强意志、养成良好习惯。《周易》强调"自我决定"的重要性与积极心理学的主张不谋而合；它将君子人格的形成置于"天人合一"框架之下的主张具有中国传统的文化特色，对本土的积极人格教育有一定的启发和借鉴作用。①《周易·大象传》由自然之象和卦象引申出如此复杂的君子教育内容，包含了德行、管理、司法和教育等各个方面。②

我们提出的《周易教育读本》主要是以朱熹《周易本义》的基本注释和译文为主，以配合课程的开展。配备《周易自修读本》，主要是让教师直接对《周易》白文进行句读，增进对文本的熟悉程度，可以根据教师的教学需要分成初级、中级和高级三个版本。

第六，传承类读本的必要性：活化经典的当代典范

以《毛泽东选集》四卷本为主要研读对象，结合具体的革命历史时期的重大问题，分析毛泽东是如何一方面以

---

① 黄雨田，汪凤炎.《周易》论君子的人格素养及其形成途径[J]. 心理学探新，2013（02）：99-104.
② 孙劲松.《易传》中君子人格的养育[J]. 西南民族大学学报（人文社科版），2007（06）：122-125.

第四讲 从"新五经"到"新十经"

马克思主义思想为指导,一方面活化中华优秀传统文化的概念、思维和价值取向,并结合当代的重大问题进行解读的。这是本系列读本的创新性所在。毛泽东思想是中国共产党在社会主义革命时期和建设时期凝聚成的深度融会西方马克思主义和中华优秀传统文化,而又与中国革命和建设紧密结合的时代结晶,是将优秀传统文化、革命文化和先进文化贯通起来的典范,对其进行研读,展开理解,就是找到这把融会贯通中华文化过去和现在的金钥匙,这是我们建设21世纪儒学经典课程的不可或缺的宝库。当然,当代政治家、思想家、科学家、教育家等所撰述的重要文本内容也可以适度吸收。

第七,教学法类读本的必要性:探索中国经典教育学的教育之道

理论指导下的实操性著作,主要是从象思维、价值取向、人格养成等方面探讨其在《周易》、"四书"、"四大名著"、《毛泽东选集》以及当代经典文本中的呈现,以及如何借助经典来训练学习者的象思维方式、确立其价值取向和塑造人格理想等。比如通过语文教材的名篇、诗文中的文化意象、歇后语以及《周易·大象传》来呈现象思维方式,让学习者感受到象思维的灵动魅力,以及训练学习

者思维上的创新能力。

五、依据之根:"新五经"与"新十经"的课程基石

从"新五经"扩充到"新十经",是经典教育实践的需要,是传统文化传承发展的需要,是理论联系实际的需要。其目标是吸收和借鉴中国台湾地区和新加坡的经典教育的正反经验,这是中国大陆最近三十年经典教育实践的经验总结,是对当前一段时期内经典教育实践问题的有效回应,特别是建基在初具规模的现实聚合支撑系统之上。它以传统"小学"、传统经典为基础,以"四大名著"为辅助,融入近百年来的社会主义革命和现代化建设中形成的先进思想,可以支撑经典教育汇聚中西、融会古今。

中华文化发展的每一个阶段都丰富多彩,但又有其内在一致性,它深刻地体现在源自先秦的"一体多用"思想中,两宋时期的"理一分殊"学说中。为了培养"有中国心的世界公民",必须本着为基础教育阶段的师生减轻知识学习负担的想法,训练其本民族的思维方式可能是一条有效的转化路径。"四大名著"的人物形象正好可以作为象思维方式训练的典型物象,《四书集注》的合理性思考可以作为象思维方式训练的典型意象,《周易》以其《大象传》

第四讲 从"新五经"到"新十经"

最为典型的以天道推导人道的法象思维正好可以被激活。

上述儒学经典课程建设设想能有效化解时代难题,向着未来儒学经典课程迈进。它遴选出的核心经典文本取自常见、常用、常新的经典文本,在文化脉络上具有传承发展的系统性,遵循了现代化社会的高效率追求和简洁风格。

第五讲

经典教育落户社区的新机遇

第五讲 经典教育落户社区的新机遇

近现代语文类教材中，儒学经典一直有选篇[①]，中国台湾地区在一定时期内将四书作为高中必修课程单独设置，但从近现代一百多年儒学经典的整体传承来看，儒学经典在各类教育中是处于边缘位置的。假如儒学经典可以适度回归，那么从当代承接教育功能的家庭、社会和学校三大组织主体来分析，哪一块会让儒学经典安家呢？

一、迷失的归途：儒学经典教育的困境

康有为在戊戌变法面临失败时逃亡海外，在中华民国成立之后回到国内，不再过多投身于政治活动，而是集中精力成立孔教会，倡导将孔教立为国教。[②]他不仅在国内，

---

① 顾之川.中小学经典教育的现状与思考［J］.新疆教育学院学报，2010（01）：49-54.

② 李华伟.儒教的国教化和窄化——康有为的"逆宗教改革"与梁启超的批判［J］.探索与争鸣，2018（09）：124-131.

在海外华侨和华人地区也大力提倡。随着袁世凯复辟帝制的失败，国内对康有为的提法也不再感兴趣。孔教会在现在的东南亚部分国家及地区仍然存在，但是在大陆和港澳台地区基本已经销声匿迹。孔教会的尝试及其在大陆、港澳台地区的无法存续，历史地验证了在中国走宗教传承路线不是一条可行的路径。

在当下，对中华孔子学会、国际儒学联合会、中国孔子基金会等儒学专门社会组织，大部分普通人虽然不太熟悉，但都知道是社会学术组织、文化交流发展机构。当代中国社会也发展出各类社会团体、基金会和民办非企业单位，如中华文化促进会及各省的分支机构，敦和基金会等文化类基金会，省市各类文化组织等。如今这些社会组织更是处在一个快速发展的时期。让更多的社会组织来主持并开展儒学经典教育，理论上是可行的，但在经费制度、团队建设、人才储备、社会诚信等方面，还有很多问题需要在实践中不断摸索、完善。

当下全国保存完整的孔庙或文庙还有60所，基本完整的有109所，但是当下的文庙或孔庙归各地文物局管理。董卫国认为，现在的孔庙作为历史文物被保护起来，由于脱离了原来的儒学教化环境，也就失去了其原有的教化功

第五讲 经典教育落户社区的新机遇

能。①列文森从社会体制转变的角度对孔庙的作用作了今昔对比：传统儒教社会中，孔庙是一个学问的中心，通过祭孔、讲学等活动，发挥着儒学的教化作用；但是现在，修复后的孔庙成了一个放电影、娱乐、游玩的中心。②

现代社会最大的变化在于改变了过去的小农生产方式。传统的小农家庭既是生活组织，又是生产组织，而如今大量的企业和事业单位取而代之。这些企事业机构极大地改变了社会生产组织方式，成为当代社会的主体力量。企事业遵循社会分工合作，以科层管理为主，除了人力因素，资本、技术、市场、法制等成为企事业的重要因素。企事业发展离不开人，有人当然就有对文化的精神需求，所谓企事业文化由此而来。但是以资本、技术、市场为主导的当代企事业机构，却天然地追求效率最大化、利润最大化和社会效益最大化。尽管有满足人类社会幸福生活的底层意愿，但其异化却造成了对人力因素的客观压榨。正如古代社会，忠孝不能两全，家庭之亲情与国家社会之职责发

---

①董卫国."博物馆化"说与"游魂"说——对两种儒学困境观的比较和反思［J］.玉林师范学院学报，2012（01）：64-69.

②（美）列文森.儒教中国及其现代命运［M］.桂林：广西师范大学出版社，2009：353.

生冲突。虽然近现代企业中涌现了很多代表人物，他们在企业经营的过程中，承担起文化传承和发展的职责，但就全球或中国现代化的企事业来说，特别是在当下全球化以民族国家为竞争主体的格局下，要让企事业机构承担起文化尤其是经典文化传承的职责，是与其在当代社会的定位相冲突的、相背离的。

二、机构之难：儒学经典教育的挑战

近年来社会上涌现出了一大批各种类型的现代私塾、学堂、书院，其主办方众多，城乡皆有，虽然在传承传统文化上，维持着同一方向，但形式各异，意图多样。据《南方周末》报道，2004年之后，"约有3000家私塾、学堂涌现全国，读经之声响彻各地，民间教育实验盛况空前"[1]。但目前整体效果并不理想，这些机构的处境大多比较艰难：一是没有得到社会全面认可，争议较大；二是没有得到各地政府主管教育部门许可，阻碍了其扩大规模办学；三是师资问题，目前能系统、深入和全面地讲解中华经典的师资人员奇缺；四是学生的分化，极少部分熟读经

---

[1] 张瑞，张维.十字路口的读经村[N].南方周末，2014-9-5.

典的孩子不自觉中自视甚高，反而养成傲慢心，无法被当下社会认可和接受，这也与读经教育的初衷相违背；五是问题少年的难题，现在的私塾、学堂、书院里有一部分孩子是"家里不管、学校不要、社会不问"的所谓问题学生，家长的唯一诉求就是花钱保学生的平安，不要让孩子成为流浪少年而已。一些学者对此直接认定为教育的逆流。"一些现代私塾开设读经课，要求少年儿童用大量时间读经；有的教育专家也公开倡导少儿读经是'传承文化'的需要。这种现象是逆潮流而动。"[1]有学者直接呼吁法律介入和处置。"一是这些全日制'读经班'，招收义务教育适龄儿童，排斥数理化等课程，违反了《中华人民共和国义务教育法》。二是学费随意而定，每年动辄几万，且按年收费，加重了家长负担。教育部近日印发《关于做好2019年普通中小学招生入学工作的通知》，明确要求，各地要认真排查并严厉查处社会培训机构以'国学班''读经班''私塾'等形式替代义务教育的非法办学行为。"[2]

---

[1] 萧宗六.要求少儿读经是逆潮流而动[J].教育学报,2007(01): 76-78.

[2] 曲征.面对违规"读经班"，法律应该出手[J].甘肃教育, 2019(09): 18.

抛开时代覆盖在儒学经典教育问题上的符号象征，儒学经典教育的关键节点到底是什么？"读经问题是学校读经问题。因此它是一个教育问题。但同时它又是一个思想问题。对于青年，关系重大。而青年为国家未来之主人。所以对于国家，也关系重大。那么读经问题就是一个问题了。"①虽然当下中国各类学校受西方教育理论和教学实践的影响极大，但在中国人的思想深处，学校绝对不是一个纯粹传授知识和训练技能的场所，它一定是教书育人的地方，是要教学生为人处世、读书明理的地方。

关于学校要不要开展儒学经典教育的争论一直较大，20世纪30年代较为激烈，在当下也是争论不断，赞成派、中间派和反对派都有。但反对派明显占据上风，成为主流。方克立反对儒学政治化，反对国家教育主管部门支持儒学读本编写；薛涌称读经运动为蒙昧主义兴起；刘晓东则对王财贵的读经教育理念进行了细致的反驳；柯小刚虽然认同儒学经典教育，但对"老实读经、大量读经"，则斥之为"野蛮读经"，提出了另外的经典教育实施路径。

---

① 黄力生. 读经问题 [M]. 台北：中国政治书刊出版合作社，1953：序言1.

其他学者则认为，读经运动并非真正意义上的"文化自觉"运动，而只是"文化自尊"的反映①；缺乏理性精神的"读经热"是一种新的"教育病"；"读经热"颇有将"阅读核心论"的负面影响放大之势②；认为13岁前的读经儿童只要背诵即可而无需对其进行解经是一种"伪科学"；神化和崇拜文字和经典，赋予其超自然的神力，是人类原始信仰的衍生物。……鼓吹仪式化的"读经""阅藏"作为敛财之道。③

不管学术界、教育界、文化界是持有赞成、反对或者是居间立场，其实在20世纪90年代兴起的读经运动，还是有其历史意义和时代特征的。胡晓明认为，读经既不是蒙昧，也不一定是启蒙，而是有着"正本"的意义。"正本"即是对文明生命根源的正其本质、正本清源，其指向仁爱、良知、诚信、责任、生命尊严等东西方共有的做人的基本

---

①江净帆."读经"运动：是"文化自觉"还是"文化自尊"——兼与蒋庆先生商榷[J].南华大学学报(社会科学版)，2006(05)：68-70.

②潘涌.尊重选择 表达为本——评当前大陆"读经热"[J].中学语文教学，2013(02)：4-7.

③姚彬彬."经典"的超自然力崇拜——王财贵的"读经教育"及其他[J].科学与无神论，2019(03)：25-30.

价值。当前读经的实质即"回应转型时代,守护文化与文明的基本价值"[①]。近代读经潮流跌宕起伏,兴起与衰微反复。"当代读经风潮跟以往的几次共同点在于,都是对中华文化价值的重新发现,每次读经风潮都是对中华文化价值的高扬。但是晚清到民国重在应对西方和现代文明的挑战,构建自我身份的认同,而当代读经运动有了很多新的特点,反映着中国传统文化的复兴浪潮;代表了文化保守主义对现代性、现实社会、现行教育体制的批判;读经教育成为了现代性弊端的批判者,同时更重视发挥对个人的作用,以古代经典应对精神空虚、道德危机、意义迷失,希望其发挥安定人心、安身立命的作用。"[②]

三、社区落地:儒学经典教育的新家园

中国近代以来的百年,关于读经论争的次数不少,有主张三次的,也有主张四次、五次、六次的,但不管怎么分,其实就是读经论争贯穿了中国近现代的百年历史。离

[①] 胡晓明. 读经:启蒙还是蒙昧?——来自民间的声音[M]. 上海:华东师范大学出版社,2006:3-14.
[②] 颜峻. 当代读经风潮的反思[J]. 全球教育展望,2016(09):85-91.

第五讲 经典教育落户社区的新机遇

开了科举制支撑的儒学经典教育，如何在当下找到合适的传承实施机构，这的确是一个急迫而重要的难题。试图通过仿效西方宗教组织建构新的类似孔教会的组织来传承经典，非常不适合中国的国情。当代家庭规模越来越小，生活节奏越来越快，父母与孩子在一起的时间并不充分，出生于20世纪60年代到80年代之间的长辈自身对儒学经典也缺乏了解，目前在家庭里实施经典教育的可能性也不大，但未来随着社会物质财富的宽裕，家长教育观念的转变，也有可能扭转这一状况，从把孩子送到校外培训机构转变到在家里或社区里或社会文化机构接受儒家文化的熏陶，也不是没有可能。随着社区生活时间的延长、居民间熟悉程度的提升以及社区管理制度的成熟，社区有可能发展成为一个实施经典教育的理想场所。

家庭是社会的细胞，除了在家庭生活，家庭也是一个人接受教育的起点。在近代专业教育出现之前，人们的教育大多是在家庭中完成的，特别是中国文化中的天人关系、家国关系以及人伦教育的传承。宋元以来中国家庭或家族、宗族，形成了对"天地君亲师"的崇拜和祭祀传统，并将之固化成了一个信念。据徐梓研究，"天地君亲师"的思想发端于春秋战国，在北宋初期正式形成，明朝后期在民间广为流行，清雍正初年首次以帝王和国家的名义加固了这一传统，民国时期又衍变出"天地国亲师"和"天地圣亲师"两种形式。"'天地君亲师'是中国传统社会崇奉和祭祀的对象，表现了中国人对于穹苍、大地的感恩，对于国家、社稷的尊重，对于父母、恩师的深情；表现了中国人敬天法地、孝亲顺长、忠君爱国、尊师重教的价值取向。这几个字是中国人的精神寄托和心灵安顿之处，也是中国传统社会中许多伦理道德取得合法性和合理性的依据，它们就像柱石一样，支撑起了中国传统社会的大厦。它们深入到了每一个中国人的心，无论是知识分子还是不识字的穷苦大众，都将它奉为天经地义的信条；它们对广大人民的教育，比任何法令经典都更有效果。"[①]现在在湖南、广西、广东等地，"天地国亲师"的牌位还供奉在很多家庭厅堂中央的显要地方，这就是大众朴素的家庭信仰教育和文化传承方式。但随着中国城乡近代化进程的发展，旧有的家族解体，传统大家庭式微，摆脱家庭束缚一度是中国人开明的标志，比如巴金《家》里面的高觉慧，就是一个正

[①] 徐梓."天地君亲师"源流考[J].北京师范大学学报(社会科学版), 2006(02): 99-106.

面描述的离开家族并一心关注家之外的当代觉醒者。当下,很多家庭中客厅最核心的地方摆的是什么呢?是电视机;或者说是众多大人小孩都离不开的手机、电脑,家庭精神生活被媒体在幕后掌管。电视机、手机和电脑虽然是获得信息的有效来源,但对于一般人群来说,电视机可能更多的是提供娱乐化的用品,而手机和电脑给青少年带来的冲击已经成为家庭和学校教育中的普遍难题,对家长的冲击也不容小觑。虽然当代有一部分家庭开始尝试经典教育的实践,但由于受到整个社会环境的制约,往往很难摆脱功利教育的强大压力,只能是一种美好的愿望。

家庭的放大是社区,当今,如何在陌生人遍布的城镇社区里重建文化社区,是一个应该引起重视的方向。伴随着20世纪90年代的城乡居民迁移和流动,社区正在工业化、市场化、城镇化、信息化的一波又一波大潮下,成为一个新的社会生活单位,越来越多的中国人在各类社区中居住、生活。它突破了过往的亲缘和地缘组成的熟人社会,进入一个陌生人日常居住、生活而休戚与共的生活共同体,其社区文化正在逐步酝酿中,而这对于具有社群主义内涵的儒学经典来说,或许正是它的机遇来了,儒学经典中所蕴含的礼乐文明、仁爱精神等或许就可以在中国遍布城乡的各类社区中扎根生长了。

目前最需要做的就是如何摸索出社区经典教育运营模式，这个模式首先需要解决的问题跟学校模式是一样的，那就是社区经典教育课程化难题，也就是社区经典教育的定位、课程建设、教材编撰、师资培训、教学方式方法、评价体系等。其次，社区经典教育跟学校教育相比又存在不同的问题：如何解决主管部门归属问题、资金保障制度、场地管理制度、教学管理制度、教师培养制度、教学实施制度等众多问题。不过，只要社区的青少年对经典教育有需求，这些问题都是可以得到解决的。

伴随着改革开放四十多年的发展，很多社区，无论城市还是郊区、富裕起来的乡村，其人口慢慢沉淀，已经出现了强烈的文化消费需求，这就是社区经典可以开展的有力支撑，这也给经典教育界提供了一个新机遇：必须沉下心去，跟孩子们和他们的父母一起落实经典教育的有效开展。

第六讲

教师是儒学经典教育的关键

第六讲　教师是儒学经典教育的关键

当前，中华经典教育的复兴面临历史性的机遇与挑战。在此期间，构建一个贯穿国民教育始终的中华优秀传统文化课程体系显得尤为关键。在这一过程中，首要任务是针对教师群体，系统性、全面性、有效性地增进其对中华优秀传统文化的理解、提升素养。教育部于2014年发布的《完善中华优秀传统文化教育指导纲要》明确指出，教师队伍的整体素质尚需提高，并强调了加强面向全体教师的中华优秀传统文化教育培训的重要性。随后，《加强和改进中小学中华优秀传统文化教育工作方案》进一步指出，缺乏专业化的教师队伍及有效的评价激励机制，已成为影响政策措施落实的主要障碍。2017年1月，中共中央办公厅、国务院办公厅在《关于实施中华优秀传统文化传承发展工程的意见》中再次强调，必须加强面向全体教师的中华文化教育培训，以全面提升师资队伍水平。因此，有效提升教师的中华经典文化素养和中华经典教育技能水平，已成为时代赋予的重要使命。

自21世纪伊始，对于中华优秀传统文化教育的研究，在国内外各类型、各层次上逐步深化。传统文化教学研究主要以各大学的国学院等机构为依托，然而，将传统文化学术研究与教育研究两者相结合的研究却相对较少。特别是针对中小学教师的经典文化素养提升的研究，明显不足。

一、教师之心：对经典教育的热切期盼

现行的教师教育体系与传统文化教育需求之间存在不兼容性，未能满足经典教育发展的需求。洪明及谢芳利均指出，教师对于传统文化培训具有迫切需求，前者从国学教师的校本化培训角度出发[①]，后者则针对中学语文教师进行探讨[②]；刘峻杉从复兴传统文化对教师教育需求的角度出发，强调传统文化教育人才的培养存在严重的供需不平衡[③]；沈湘平则急切呼吁基础教育工作者应早日成为传统文

---

① 洪明. 经典传承与教师培养浅谈［J］. 中国教师，2012（15）：22-23.

② 谢芳利. 中学语文教师优秀传统文化培训的调查研究［D］. 中央民族大学，2015.

③ 刘峻杉. 复兴传统文化对教师教育的需求及其应对［J］. 教育科学研究，2017（03）：81-85.

化教育的先锋①。

针对如何满足时代需求，实现教师与时代工程的匹配，本书提出应积极推进中华经典教师教育，以提升教师群体的中华经典文化素养。具体而言，需深入研究经典常识、经典课程构建以及教学实践，从而促进教师在这些领域的专业成长。

"中华经典教师教育"，特指针对教师群体的经典课程设计与经典教学实践的培训及指导活动，旨在提升教师的中华经典文化素养。该教育项目涵盖在校师范生、在职教师、在岗培训师、社区经典导读师以及经典文化爱好者、研究者和实践者，尤其强调对中小学全学科教师及其教学科研、行政管理人员的专门培养。

"中华经典文化素养"涉及中小学阶段开展中华优秀传统文化教学所需掌握的经典教育基础知识和基本教学技能。它要求教师对优秀传统文化教育的历史脉络、现状及发展趋势有全面的认识，对传统文化的核心价值、人文精神和传统美德有深刻的理解，并在教学中能够熟练讲解传统核

---

① 沈湘平.优秀传统文化教育，教师要成为先行者［N］.人民政协报，2021-11-10（009）.

心经典。

"经典常识、经典课程和教学实践"指的是为提升中小学教师中华经典文化素养而设计的一系列教育活动,包括经典知识的补充、系统课程理论的探索、课程体系的构建、课程内容的精选编撰以及教学实践的指导。

二、课程之缺:教师经典教育的短板

中国台湾地区曾就《中国文化基础教材》开展系列的教师教研培训,主要针对高中阶段,属于专题提高型培训,这与大陆地区集中在小学、初中阶段的师资培训有所不同。近来,国内学者针对教师经典教育课程的研究有一定的成果:谢文庆就国学师资制约国学教育发展这一问题,提出创设国学常识类、文本解读类、课程教学类、教学技能类四类师资培训课程,形成基础型、提高型、专业型三种教学层次,构建经典式、探究式、实践式三种教学模式[①];刘峻杉建议相关课程以分科化课程、本土文化综合、全

---

① 谢文庆. 基于教学创造力的国学师资培养研究[J]. 教师教育学报, 2019(02): 40-45.

球文化整合这一思路展开①;宋俊玲基于北京海淀区敬德书院课程体系的分析,认为这些课程虽是针对中小学教师传统文化素养提升的,但难以普遍复制。②就目前传统文化教育实践和理论研究来说,针对教师的教材手册编写、教学培训都有开展,如山东等省份地方课程必修教材《中华优秀传统文化》,但针对教师的经典文化素养提升的系统教材的编写工作则没有开展,如北京敬德书院只组织编写了零散的教师读本。

三、紧迫之钟:敲响教师经典教育的鼓点

新加坡的《儒家伦理》教师培训经验值得重视与借鉴。师资训练在其中更是关键一环。1983年,40余位教师参与了为期4个月的首届"儒家伦理"课程师训班。至1985年年底,共有5届学员约300人完成培训。他们不仅自发成立了"新加坡儒学研究会",还出版了《儒家文

---

① 刘峻杉.复兴传统文化对教师教育的需求及其应对[J].教育科学研究,2017(03):81-85.
② 宋俊玲.打造书院优质资源 服务传统文化教育[J].北京教育(普教版),2015(05):51-52.

化》学报。①随着中华优秀传统文化教育的持续开展和不断完善，中小学教师的经典文化素养提升已经越来越急迫，对培训课程和教材的需求逐渐明晰起来。新加坡的师资培训集中在主题化的儒家伦理培训方面，对我们的系统化师资培训来说有可借鉴之处，但不能解决根本问题。洪明说，读经问题是"世纪难题"，21世纪是解决这个百年难题的关键时期，为了抓住这一难得的历史机遇期，必须重视和开展面向中小学教师的经典文化素养课程理论研究、体系建设和教材编撰工作。当下，以经典为主体的优秀传统文化教育进入了实践探索和理论总结的关键时期，当前的急迫任务是开展面向教师的、具有鲜明中国文化特色的经典文化素养教师养成的理论和实践研究，紧紧抓住中小学教师这个破解传统文化教学难的关键问题，对传统文化、革命文化和先进文化作整体性贯通思考，遴选核心经典，确立三大教育目标，解决教师的经典常识不足、经典课程不成体系、经典教学实践经验不足等难题。

---

① 梁秉赋. 新加坡的《儒家伦理》教材[J]. 国际儒学（中英文），2021（02）：95-104+166.

第六讲 教师是儒学经典教育的关键

四、希望之路：教师经典教育的前景

自1900年以来的一百二十多年间，众多有识之士展开了经典教育的理论探讨与教学实践，留下了宝贵的历史遗产。从1991年起，以经典诵读、经典阅读、经典研读等方式开展的传统文化教育，为我们提供了丰富的案例总结。当代中国哲学的发展也在不断推进，如陈来、牟钟鉴对"仁学"的系统研究，彭林对礼学的系统研究，王宁对文字学的系统研究。尤其是功夫哲学在当代的逐步兴起，为传统文化教育提供了一种崭新的发展路径。在文化研究上，刘晓峰对东亚时间文化研究所取得的突破性进展，可以为传统文化的有效诠释提供历史支撑。在人文教育研究方面，张祥云的"道理与功夫"的人文教育学论纲，为传统文化、教育学、教育实践提供了新的融合发展理论。在教育学界，教育学要中国化，要发展中国教育学，正成为大家的共识和一致行动，叶澜提出的"教天地人事，育生命自觉"的中国教育学论纲，也为教师经典教育提供了理论支持。

在传统教学模式中，教师扮演着主导和引领的角色。尽管当前教育理念倡导以学习者为中心，但在实际的课堂教学过程中，教师的主动作用、主体地位和引导能力是不可替代的。经典教学的有效实施无疑需要具备适当资质的教师。那么，哪些教师具备开展经典教学的资格呢？经典教育本质上是成人教育和人际交往的教育，理论上每位教师都有资格进行经典教学。与物理、化学、数学等学科不同，这些学科随着学生年级的提升，其专业性愈发显著，不是每位教师都有能力教授，难度较大。尽管经典教学也具有一定的专业性，但作为中国人的文化传承课程，它更多地关注于成人教育和文化素养的培养，因此，从理论上讲，所有教师都具备开展经典教学的资格。

尽管存在潜在的可能性，但并不意味着可以忽视前期训练的重要性。经典的有效教学确实需要以常识作为基础。例如，所谓的"小学"——这里指的是包含文字学、训诂学、音韵学的传统小学——若未能对《说文解字》《尔雅》等为代表的字书的基础训练达到一定水平，可能会对经典教学的顺利进行造成障碍。对于传统经学的发展脉络，亦须具备基本的常识性了解。中华文明素有"礼仪之邦"的美誉，因此对礼文化进行深入了解是必要的。同时，中国的理学亦具有其独特性，对此亦需有所掌握。鉴于经典文献众多，每部经典具有不同的体例、流派以及教学要求，这无疑对教师提出了较高的要求。然而，从经典教学普遍基础常识普及的角度出发，认可并系统学习"新十经"，在经典教学的开展过程中，将提供坚实的文本依据，避免因缺乏专业性而产生的教学障碍。经典教师对于经典教育的目标必须有深刻的认识，必须摆脱模糊或朴素的期望，将教学目标明确转移到经典教育上来。唯有在这一目标的指导下，教学活动才能够有效地组织和实施，并进行评价，否则将难以找到开展教学的有效路径。

五、使命之重：铸就教师经典素养之魂

面对时代赋予的重任，我们必须承担起文化建设和经典传承的发展使命。通过深入研读经典文献和开展思维训练，我们致力于实现"立德树人"的核心教育目标。坚持将马克思主义基本原理与中国具体实际相结合，同中华优秀传统文化相结合，我们努力实现中华优秀传统文化与社会主义革命文化、社会主义先进文化的有机融合。在这一过程中，教师作为教育实践的前沿主导者，在中华民族文化复兴以及中华优秀传统文化的创造性转化、创新性发展的过程中，扮演着至关重要的角色。

关于经典课程与分科课程之间的关系，特别是在中小

学教育阶段，本书立足于探讨其辐射性联系。因此，本书中的"教师"概念不仅涵盖了处于不同学习阶段、不同职业体系的教师，还包括了所有教育阶段和体系中的全体教师。

中国教育现代化不仅是国家现代化的起始点和保障，同时也是教育学本土化过程的持续发展。为了培育具有中国情怀的全球公民，并实现立德树人的教育核心目标，构建以"教天地人事，育生命自觉"为宗旨的中国教育学，必须不断提升教师的中国文化素养。中华经典教师课程与教材的构建及实施，正是应对时代需求、文化特质和教育使命的关键起点。

第七讲

吟诵的当代传承、教学实践与传承创新

第七讲　吟诵的当代传承、教学实践与传承创新

在当前教育领域，传统教学方式方法日益受到重视。在此背景下，中华吟诵学会等吟诵组织相继成立，吟诵名家陈少松、华锋、戴学忱等坚守吟诵传承一线，而教学名师陈琴则凭借独创的"素读"经典课程与语文教材融合教学体系崭露头角。北京市海淀区翠微小学高级教师于立君专注于吟诵实践，将其融入语文教学与班级活动，成功创立特色班级文化。受此影响，吟诵逐步走进中小学教育体系，部分学校已开设相关课程或活动。然而，吟诵在中小学的普及程度参差不齐，且面临诸多问题。具体表现为：其一，师资力量匮乏，专业的吟诵教师稀缺，多数语文教师未接受过系统的吟诵培训；其二，认知存在不足，部分师生及家长将吟诵简单等同于朗读，未能充分理解其文化内涵与教育价值；其三，教学资源短缺，规范的教材、教学视频及音频资料均显不足。

传统吟诵与儒家经典教育在中小学阶段的传承与发展，兼具必要性与可能性。从必要性来看，其有助于学生汲取

传统文化精髓，塑造正确的价值观，增强文化自信。同时，契合当下对传统文化教育的重视趋势，有利于培养全面发展的人才，传承民族精神。在可能性方面，政策层面给予大力支持，如"典耀中华"主题读书行动指导意见有力推动了经典教学；社会文化氛围持续向好，传统文化类节目热播激发了大众对传统文化的兴趣；学校课程体系存在融合空间，吟诵可融入语文、传统文化等课程，且已有诸多名师成功案例可供借鉴。

基于上述背景，深入探究吟诵的内涵，以及如何实现其有效传承与发展，成为亟待解决的重要课题。

一、吟诵与语言、语音、音乐的关联

一百年前，中国的读书人普遍会吟诵，不论鲁迅、郭沫若，还是胡适、梁实秋等人都会吟诵。因为吟诵与古典诗词本是一对孪生兄弟，因为吟诵"符合汉语诗文的表达要求……汉语诗文的声律之美只有靠吟诵才能体会""符合语文学习规律"，是"弘扬中华文化的最好载体，也是进行道德人格教育的最好方式"。但20世纪以来，吟诵却由盛转衰。"近百年来，由于不加选择地排斥中国古代文化，盲目地接受西方文化，致使吟诵这一宝贵而又优秀的

第七讲　吟诵的当代传承、教学实践与传承创新

中华文化遗产几近失传"[1]。"吟诵教学法是古代私塾教育最基本的教学方法，在长期的教学实践中，已经形成了一整套吟诵教学技能，一系列吟诵教学方式，表现着识字、发音、记忆、理解、写作等多种教育技艺，实现着智育、德育、美育、体育、群育等多种教育功能。"但"随着私塾的解体，新式学堂的转型，现代学校班级课堂教学方式的出现……传统的吟诵教学法，失去了赖以存在的教育教学空间，古人私塾教学采用的诵之、歌之、弦之、舞之等吟诵教学方式逐渐失传"[2]。自20世纪30年代以来，钱基博已经将吟诵列为"当代之绝学"，而今掌握传统吟诵的人面临年龄偏大、气力日衰、嗓音老化等问题，吟诵后继无人，王恩保在20多年前曾说："六七十年后的今天，诗词吟唱几乎成了绝学，无论小学、中学还是大学的课堂里，都不再听到吟诵声。"[3]

---

[1] 赵敏俐. 让吟诵重新回归课堂［J］. 中学语文教学，2011（07）：1.
[2] 王雷，王晓璇. 名师教学技能为什么难以复制：难题及其破解——从古代塾师教学"绝活"难以传承谈起［J］. 河北师范大学学报（教育科学版），2013（03）：17-20.
[3] 王恩保. 吟诵文化漫议［J］. 中国文化研究，1998（02）：121-123.

何谓"吟诵"？吟诵的本质是什么？这就涉及吟诵的本体研究，学界的争论还是比较激烈的，这些理论争论看似与实践无涉，却左右着吟诵的现实传承和发展。

胡俊林在《论中华吟诵文化的发祥起源》中认为，广义的吟诵兼指歌吟（吟咏、吟唱、吟哦、嗟叹等）和诵读（讽诵、背诵、熟读、哼念等），狭义的吟诵专指介乎歌唱与阅读之间的有节奏的有声语言现象。[1]徐健顺认为："吟诵是传统的诵读方式，是通过教育体系（私塾和官学）代代相传的。""吟诵是学习方式，也是自娱的方式，对修身养性，大有助益。""吟诵是吟咏和诵读的合称。"他还认为，声律之美对古诗文教学大有裨益，"这些年来，大家于声律之美是很不讲究了，甚至无视它的存在。讲文学，只讲文字内容，分析思想内涵、社会背景、段落划分、艺术特点。……要知道，汉语的古典文学，最讲究声律，声律乃是表达思想情感的重要手段"[2]。这一点，王恩保也认为不注重吟诵是近现代语文教学成果不佳的原因之一，"相反，

---

[1] 胡俊林.论中华吟诵文化的发祥起源[J].内江师范学院学报，2006（01）：71-75.

[2] 徐健顺.我们为什么要吟诵？[J].语文建设，2010（04）：74-76.

第七讲 吟诵的当代传承、教学实践与传承创新

用对字词句的繁琐分析,对思想性的刻意阐发,来代替用传统的吟诵方式对全诗意境的把握,语文教学质量下降有很多原因,不重视吟诵的普及恐怕也是原因之一"[1]。这样强调,其实揭示了吟诵乃是一个语言学、语音学、音乐学的综合体,而就其三者孰重孰轻的关系,学界产生了内在的不同倾向。

第一,吟诵的语言本位。这方面的研究以首都师范大学赵敏俐为代表。"传统吟诵是以语言为本位的艺术,它的作用是强化语言本身在声音方面的意义。"虽然唐朝释处忠《元和韵谱》中有所谓"平声哀而安,上声厉而举,去声清而远,入声直而促",明朝释真空《玉钥匙》中总结有:"平声平道莫低昂,上声高呼猛烈强,去声分明哀远道,入声短促急收藏。"但"在这里,音乐虽然也有它的存在价值,甚至还有极为重要的价值,但是和语言相比,音乐在传统吟诵中始终是第二位的,语言才是第一位的。二者的关系一旦颠倒,将语言为主转化为以音乐为主,吟诵就变成了歌唱。传统吟诵是以语言为本位的口传艺术,其

---

[1] 王恩保.吟诵文化漫议[J].中国文化研究,1998(02):121-123.

核心在于它强化了语言的声音意义。这又包括在两个方面，第一是语言的声调意义，第二是语言组合的节奏意义"。所以赵敏俐一再强调："没有诗文的诵读就没有吟诵，哪怕它与吟诵有再相似再接近的关系，也不能把它视之为吟诵。……传统吟诵与音乐有着直接的关系，这是不容置疑的事实。……即便是把吟诵称之为'吟诵音乐'，那么这种音乐的创作首先也要遵从语言的规律，要'建立在诗文诵读的基础上'。"引陈少松和王宁的研究成果为证，陈少松曾有很好的辨析。他认为："所谓'吟'，就是拉长了声音像歌唱似的读，所谓'诵'，就是用抑扬顿挫的声调有节奏地读。"这说明吟诵和唱歌有一定的关系，特别是"吟"，与歌唱的关系更为密切。但是陈少松又特别指出："为什么在界说'吟'时要加'像歌唱'这几个字呢？这是因为吟时既同歌唱一样拉长声音行腔使调，却又不是严格意义上的歌唱。……在笔者看来，严格意义上的'唱'，一有乐谱可依，唱时对乐谱不可随意改变；二在通常情况下用乐器伴奏。'吟'却不同，一无乐谱可依，吟时对音高、时值、速度、旋律等处理有一定的随意性；二在通常情况下不用乐器伴奏。"王宁对此有过很好的辨析。她说："吟声像是乐声，实则乃是语声——与心声同步的语声……

第七讲　吟诵的当代传承、教学实践与传承创新

吟诵重词不重乐，旋律、节奏都是对文学形象的强化和再度美化。"①所以学界一般认为："就吟诵艺术而言，至多也只能'近于歌唱'，如果再进一步向歌唱跨近，吟诵便丧失了独特的价值和地位。"②

第二，强调吟诵调的音乐性。这以孙玄龄为代表。他说："吟诵能不能发展成为一门学科，这要看吟诵本身的内容、性质以及对其研究的情况才能决定。""目前，（吟诵）还处于探索的阶段。……吟诗调研究最大的困难，就是我们已经离它很远，缺少判断优劣的标准。现存吟诗调的情况比较复杂，能听到的，有的曲调鲜明，比较好听；有的曲调模糊，难以琢磨；还有些确实也不大入调。此外，在笔者所接触的吟诗调中，也有以自己喜爱的曲调来吟唱，冠以古调的情况。这虽也有特色，但似乎不必列入传统一类更为合适。"③

---

①赵敏俐.论传统吟诵的语言本位特征［J］.首都师范大学学报（社会科学版），2013（06）：93-98.

②路琦.传承与发展——关于传统文化遗产"吟诵音乐"的几点思考［J］.艺术百家，2008（S1）：244-246.

③孙玄龄.吟诗调音乐的分类［J］.中国音乐学，2013（01）：27-37.

第三，三者综合论。以常州吟诵调研究者秦德祥为代表。他强调："对于文学、语言、音乐三种元素融为一体的吟诵，固然可以分别从这三个方面去进行审视和研究，但唯有将此三方面综合起来，方为全面和完整，因而，由精通这三门学科的个人进行吟诵研究，当然最为理想，然而，由于近百年来学科细分现象普遍和严重地存在，像赵元任先生那样既是语言学大师，又兼音乐家，还具有相当深厚的国学基础的学者，当前实在罕见，因而，主要还得寄希望于三门学科中的有志于此道者，打破学科间隔阂，互相尊重、不囿于本学科的学识见解，虚心倾听不同方面的意见，以对方的学养弥补自身之不足，共同完成这一课题。"①

其实，吟诵的内在特征显现，主要是在与朗诵和吟唱的区别上。陆有富认为："吟诵是中国传统特有的诵读方式，又被称为'中国式读书法'。""传统吟诵是介于诵读和歌唱之间的口头表现方式，读者可以根据个人对作品的理解，遵循作品的平仄韵律，将作品中所传达的多维复杂的情感通过声音的抑扬顿挫、轻重缓急等表现出来。吟诵

---

① 秦德祥.吟诵的"文人民歌说"——音乐视野中的古典诗词吟诵[J].中国音乐，2010(04)：112-115.

第七讲 吟诵的当代传承、教学实践与传承创新

是一种细读的、创造性的、回味式的读书方法和表达方式，是文学、音乐、语言的综合体，与朗读、吟唱有别。朗读是把文字转化为有声语言的一种创造性活动，是一种出声的阅读方式，但并不像传统吟诵那样能够表现诗作铿锵悦耳的音乐美感。吟唱则是加入了许多音乐的元素，具有固定的乐谱格式，其中之高低起伏、轻重缓急也是一成不变的。而传统吟诵可根据吟诵者对作品之理解而有多种变化。……可以说，吟诵是一种创造性的读书方法，不同时地、不同读者的玩味涵咏正是对于诗歌多方位的创造性的解读，我们只有在这样的曼声长吟中才能体会诗歌作品中传达出的复杂多维的情感和深刻的志意。"①

虽然学者们争论的观点有同有异，但任何的重心转移，都会造成实践中的流派差别，正如华锋2009年10月在北京参加国内传统吟诵高端论坛时的发言，就将当下的吟诵（华锋称为"吟咏"）分为四个主要流派："以北京戴学忱先生、湖北侯孝琼先生为代表的学人，在传统吟咏的基础上，吸收了民歌的演唱技巧，修复为全新

---

① 陆有富.传统吟诵在中国古典诗歌教学中的应用[J].内蒙古师范大学学报（教育科学版），2013（08）:128-130.

的吟咏模式；以马鞍山盘石先生为代表的学人，在传统吟诵的基础上，引进了西洋音乐的演奏技巧，创作出以全新的交响乐、摇滚乐为表现形式的吟咏模式；以台湾王更生先生为代表的学人，呈现给我们的是没有任何师承背景，只是依据自己对古典诗歌的理解以及对传统音乐、戏剧的知识，独自创作的自度曲吟咏模式；以天津叶嘉莹先生、北京屠岸先生为代表的学人，是原汁原味的、'土得掉渣'的'私塾调'吟咏模式。"但赵敏俐认为："其它三种'吟咏模式'，无论就其文化价值与学术意义而言，都与第四种'吟咏模式'无可比拟。鉴于吟诵界当前存在的四种吟咏模式，我建议亟需对其进行更严谨的区分，把那些'土得掉渣''原汁原味'的'私塾调式'的吟诵称之为'传统吟诵'，而把其他几种方式，根据它们与音乐的关系，可以分别称之为'普通话吟诵'或者'新式吟唱'。"但"在当下吟诵发展的大好形势下，如何处理传统吟诵与普通话吟诵和新式吟唱的关系问题，显得尤为重要"[①]。

---

① 赵敏俐. 论传统吟诵的语言本位特征 [J]. 首都师范大学学报（社会科学版），2013(06)：93-98.

第七讲　吟诵的当代传承、教学实践与传承创新

二、吟诵功用的对象、范围、程度与方式

在春秋时期，吟诵《诗经》可以有助于诸侯国的外交事项，可以说是治国平天下的事业。[1]但在今天，理解"吟诵"的本体，其实是为了更好地知道吟诵在当今的功用。对此，学者们见仁见智，在吟诵功用的对象、范围、程度、方式上更是有不同的定位和理解。

徐健顺认为："只有吟诵，才能表达出诗歌的声韵意义。只有吟诵，才能体会到诗歌的真正含义、全部含义、深层含义、正确含义。"[2]他认为为了恢复和找到适合中华优秀传统文化传承的读书法，应该大力恢复中小学的古诗文吟诵教学功能，"吟诵归根到底就是一种诵读的方法，应和朗诵并行"[3]。

施久铭则希望人们对吟诵抱有的态度，首先应该是抛弃成见，了解并研究它，其结果也许和人们的想象并不一样，或许会对某些方面有所启发。通过吟诵找回来的不应

---

[1] 王立.吟诵《诗经》在春秋外交辞令中的作用[J].外交学院学报, 2003(03): 97-101.

[2] 徐健顺.声韵·意义·吟诵[J].语文建设, 2011(01): 75-76.

[3] 徐健顺.吟诵与教育[J].人民教育, 2009(23): 39-41.

当是古老的外衣，而应是属于中国人骨子里的那种优雅的美感。吟诵不是目的，它是陶醉在语言、文学、音韵美中的中国人特有的精神成分，它是我们亲近自己母语的独特方式。①

曾田力则将吟诵定义为一种"汉语古诗文的活态"，真正体现了中国汉字文化中的传统文化精神。其重要目的是"以吟诵为媒介解读汉文化中的意蕴情境，体味言外之意、意中之情"，"通过吟诵读懂历史，读懂中国伟大的诗乐文化精神，读出古代文化阶层的品格气质，读出旷远的山水情怀和中国文化中的大智慧"，这是事半功倍的好事，"但不是靠操作、靠肤浅的形式模仿，必须植根于对传统文化精神的解读上"，"不能忘记'天地人'整体存在的大智慧和中国诗学精神"，"以它'汉语古诗文的活态'性帮助我们复苏中国传统文化中的血性和灵性，帮助我们在当今全盘西化的思维逻辑和审美心态中感受到东方整体感性思维的魅力和生命力"，"中国'天人合一'的哲学概念中，

---

① 施久铭. 大美善吟——吟诵视野中的语文教育［J］. 人民教育，2009（23）：38.

第七讲 吟诵的当代传承、教学实践与传承创新

集中观照的是人"[①]。

陆有富认为:"吟诵时的那种涵咏玩味不仅使人沉浸在诗作的妙境之中,更是对人的道德品格、文化精神的一种潜移默化的熏陶和培养。""吟诵教学不仅能求得一篇诗作之声情气韵,还能加深学生对诗作的理解。清人张裕钊在桐城古文家姚鼐、刘大櫆的基础上,提出了'因声求气'说:'欲学古人之文,其始在因声以求气,得其气,则意与辞往往因之而并显。'"[②]正是从这个角度,王轻鸿才说:"吟诵诗文治病是一种精神疗法,突出地强调了吟诵这一艺术审美方式的审美愉悦效果。"因为"中国文化中独特的生命意识是吟诵这种艺术审美方式形成的基础","原始的思维方式是吟诵成为艺术审美方式的核心"[③]。这已经把吟诵的功效提高到民族生命意识和民族思维方式的精神治疗高度,可以说已经到了吟诵功用的最高境地。

[①] 曾田力. 大自然中的"吟"与"诵"——写给建国后首次"中华吟诵周"[J]. 现代传播(中国传媒大学学报),2010(01):140-141.

[②] 陆有富. 传统吟诵在中国古典诗歌教学中的应用[J]. 内蒙古师范大学学报(教育科学版),2013(08):128-130.

[③] 王轻鸿. 吟诵:民族化的艺术审美方式[J]. 文艺研究,1997(01):157-158.

三、吟诵的当代文化影响与更新

古诗文吟诵不仅是中国人的读书方式，也深深地影响了日本和越南，是亚洲儒家文化圈内的共同财富。"古诗文吟诵是一种影响深远的有声文化，早已传播到我们的邻邦。日本吟咏活动参加者达500万人之多，其中很大一部分是退休的老年人。在大自然中吟诵，可以使身心愉快。日本多次派遣吟咏古诗的代表团和旅游团到中国，希望和我们进行吟诵的学术交流。越南也是非常重视古诗吟诵的国家，他们焚香吟诵《离骚》，用汉越音来吟诵唐诗。因此，搜集吟诵资料，研究吟诵理论，普及吟诵技巧，弄清吟诵源流，不但是精神文明的需要，而且是加强国际文化交流的需要。"①中央民族乐团一级演员戴学忱老师擅长演唱中国传统民歌，却花费了很大的精力投入吟诵的传承和创新上，其核心动力就是20世纪80年代日本代表团来访，提议交流古诗文吟诵，而当时中国人已经很少会吟诵了，她才奋起直追。

---

① 王恩保.吟诵文化漫议［J］.中国文化研究，1998（02）：121-123.

第七讲 吟诵的当代传承、教学实践与传承创新

古代的吟诵传承主要依靠两种途径,"唐宋诗人的吟诵格调传下来其一就是文人为古诗词谱曲,如宋代的《白石道人歌曲》、元代熊朋来自作的'诗新谱'。另一种保存古诗词吟诵的方法就是口口相传,这主要是宋元明清的书院和分散在各地的私塾老师,向弟子们传授吟诵的技巧。"①20世纪以来,在吟诵传统危亡之际,有知识界人士赵元任、唐文治、夏丏尊、叶圣陶、朱自清等人,竭力呼吁挽救这门传统艺术,致力于吟诵传统的保护与复兴活动。如唐文治在无锡国专提倡吟诵,1934年、1948年分两次录制吟诵唱片,灌制《唐蔚芝先生读文灌音片》两集15张,诵读中华古诗文21篇,面向社会各界发行,其精神追求则在1947年《无锡国专校友会春季大会训辞》中体现得淋漓尽致:"读文一事,虽属小道,实可以涵养性情、激励气节。……诸同学注意读文,则精神教育即在于是。他日家弦户诵,扩充文化,为文明教育最盛之邦,其责任实在于我诸同学。"②赵元任致力于对吟诵传统的整理和研究,对

---

① 王恩保.吟诵文化漫议[J].中国文化研究,1998(02):121-123.
② 唐文治.唐文治文选[M].上海:上海交通大学出版社,2005:499.

"常州吟诵"进行了开拓性的研究，曾多次用其家乡常州的方言吟诗录音、灌制唱片，并依据常州吟诵记录下乐谱，进行有关吟诵的探究。①

四、吟诵的传承发展与教学实践

吟诵虽然可以说是一种艺术形式，也可以说是一种生活方式，但从当下的传承和发展来看，学界更认为其是一种教学方式，一种可以服务素质教育和中华优秀传统文化教育的有效方式。路琦提出要"真正让吟诵音乐走进课堂"，"当前的中小学语文教材明显增加了古典文学作品的分量，规定了学生必背的古诗词、文言文篇目等，如果我们不止于让孩子们背诵，进而教他们吟唱，把语文教育与音乐教育结合起来，使之摆脱'死记硬背'，这会变得更有趣、更易记忆、更富艺术性，那不更好吗？"不过让它真正为素质教育服务，"其实这并非新鲜的见解，音乐界及文化教育界早有人主张这样做，但一直未能付诸实施"，其原因之一是"方言吟诵的方式"的弃用，人们喜

---

① 秦德祥. 赵元任与吟诵音乐 [J]. 中国音乐, 1998(03): 56-57+49.

第七讲　吟诵的当代传承、教学实践与传承创新

欢用朗读而不用吟诵,"另一原因居然有相当一部分教育界人士认为方言与普通话的推广相抵触"[①]。当然,这些都是在吟诵进课堂当中遇到的现实问题,但作为一种有效的古诗文教学方式,其传承和发展的主阵地是大中小学课堂,当无疑义。

当前,吟诵作为一种教学方式,在大中小学和幼儿园乃至家庭教育、社会培训机构中,都有不少应用,应该说燎原之火已经点燃神州大地。

首先,大学课堂的教学实验和展望。姚蓉、王天觉认为,大学课堂上的吟诵教学已经取得初步成效,未来是大有可为的,但要"遵循教学规律、符合教育精神,做到规范化、科学化、合理化"。大学吟诵教学的难点是如何提高大学生对吟诵的认识,要点是转变学生的观念、激发学生的兴趣,可以通过组织比赛、适当奖励来激发学生兴趣。"应以生为本,以技能训练为主,从教材、教学环节、教学内容、教学方法、测试、评估等环节进行教学改革";"大学课堂上的吟诵教学应秉持百花齐放、传承经典的理念,

---

① 路琦.传承与发展——关于传统文化遗产"吟诵音乐"的几点思考[J].艺术百家,2008(S1):244-246.

并积极开展信息化教学"①。

　　其次，中小学吟诵教学已经有一定规模，并有所成效。广州第四中学的张慧宁老师认为"吟诵领悟是培养语感的有效手段"，并在中学语文课堂上进行了实验，取得了较好的教学效果。②在小学界，上海的戴建荣老师说"吟她千遍也不厌倦"，"就在不断的吟诵之中，就在摇头晃脑之际，我们的学生学会了读诗，学到了我们的文化，更学会了做一个中国人。"③北京的窦桂梅校长说，吟诵是"悄悄传习母语的温度"④；广东的汪秀梅老师说，中华诗词用吟诵教学效果最好，这就是"最好的理由"⑤；江苏的周益民老师认为应该提倡方言吟诵，"在吟诵中与先人精神会晤"⑥；陈琴老师则在古诗文教学效果不佳的情况下，反思有"童子功"老先生的教学，在对比古诗词的吟唱教学效

---

　　① 姚蓉, 王天觉. 谈谈大学课堂上的吟诵教学[J]. 中国大学教学, 2020(Z1): 22-27.
　　② 张慧宁. 中学语文教学中的语感与吟诵[J]. 教育导刊, 2008(05): 56-57.
　　③ 戴建荣. 吟她千遍也不厌倦[J]. 人民教育, 2009(23): 44-45.
　　④ 窦桂梅. 悄悄传习母语的温度[J]. 人民教育, 2009(23): 45.
　　⑤ 汪秀梅. 最好的理由[J]. 人民教育, 2009(23): 43-44.
　　⑥ 周益民. 在吟诵中与先人精神会晤[J]. 人民教育, 2009(23): 46.

第七讲 吟诵的当代传承、教学实践与传承创新

果后,终于走上了吟诵教学的路子,并总结出"平长仄短入声急,依字行腔气要匀。一三五不论,二四六分明"的练习原则,取得了较好的教学效果,提出了"不妨试试吟诵法"的倡议,受到了全国中小学教师的欢迎。①所以,首师大的刘占泉热烈地为吟诵教学的归来欢呼,"归来兮,吟诵之教风"②;赵敏俐也衷心祝福吟诵教学进入课堂,"近年来,随着国人对传统文化的重新思考,越来越多的人对吟诵有了新的认识,在全国大、中、小学推广仅一年多时间,就得到了学校、教师和家长的热烈响应,也在学生们身上看到了明显的成效。相信在不久的将来,吟诵必将重新走进全国中小学古诗文教学课堂"③。

再次,2016年至2020年7月中旬,中小学诗词吟诵教学研究成果较多,质量提升,反映了吟诵教学的深入发展和质量提升。杨玫通过对近5年来的论文分析认为,"从现有文献看,总体上,吟诵教学法在中小学诗词教育中被大力推广,受到老师们的普遍认可;中小学诗词教

---

① 陈琴.不妨试试吟诵法[J].人民教育,2009(23):41-43.
② 刘占泉.归来兮,吟诵之教风[J].中学语文教学,2003(04):4-6.
③ 赵敏俐.让吟诵重新回归课堂[J].中学语文教学,2011(07):1.

学中使用吟诵教学法是可喜的",但也存在问题,"以具体的诗词分析为主体,对于吟诵教学法表述不多","一部分论文对吟诵的解读比较感性","对吟诵的了解浮于表面,对吟诵的概念认识不够准确,没有掌握吟诵的规则和方法"[1]。

五、吟诵组织的开展与传承创新

自2009年以来,吟诵的影响力不断增强,有专业的"中华吟诵学会"的成立,有"中华吟诵周"的连续举办,有成规模的中小学吟诵师资培训班的开展,当然,这些也离不开吟诵读物的出版。

最近10年来,吟诵的学术著作、普及读物和吟诵教辅陆续编定、出版和推广。学术著作如叶嘉莹《古典诗歌吟诵九讲》、陈少松《古诗词文吟诵导论》、朱光磊《唐调诗文吟诵二十讲》等,普及读物兼吟诵教材有,张本义《吟诵拾阶》、薛瑞萍《吟诵课》、华锋《基础吟诵75首》、徐健顺和陈琴《我爱吟诵》(初、中、高级全3册)、

---

[1] 杨玫.吟诵文献研究综述(2016年—2020年)[J].音乐生活,2021(02):61-65.

第七讲　吟诵的当代传承、教学实践与传承创新

李昌集《中华吟诵读本：高中生必背古诗词文70篇》、华锋《中级吟诵61篇》、徐健顺《普通话吟诵教程》、戴学忱《中华吟诵读本：少儿歌诗30首》，等等。"在短短几年内，有这么多的教材面世，而且编定者多为吟诵大家，这必然有助于吟诵更好地应用与推广。"①

这些学术著作、普及读物和教辅读物虽已出版，但因其还不是教育体系内部指定的教学参考用书，只是在小范围内实验和推广，这是很难取得良好的社会效益的，为此，应该创新思路，第一，多与教师培训、社会培训结合起来；第二，借助线上平台开展导读、培训等引领活动；第三，开展有效的公益吟诵学习活动，营造学习吟诵、分享吟诵的学习氛围；第四，邀请优秀的专家、教师、教研员开展全国性的吟诵巡讲；第五，与相关的学会组织、专家学者和中小学老师一起走到读者面前，将好的吟诵学习方法展现给读者，从而满足和提升读者的学习需求。

---

① 李卫军，孙露. 中华传统"吟诵"研究述评［J］. 商丘师范学院学报，2020（11）：58-63.

第八讲

从识字到象思维，以《天地人 你我他》为例

第八讲　从识字到象思维，以《天地人　你我他》为例

2017年秋季全国义务教育阶段全面使用统编版语文、历史、道德与法治教材，这是新时期基础教育改革的重大事件。"国家统编义务教育道德与法治、语文、历史三门学科教材在理念上，突出德育为魂、能力为重、基础为先、创新为上；在内容上，强化中华优秀传统文化教育、革命传统教育、国家主权教育和法治教育等重要内容。"[①]这也是切实传承和发展中华优秀传统文化的重要成果，统编版小学语文教材中的传统文化内容，无论是数量还是质量，都有较大幅度的提升。"统编本教材以落实'立德树人'根本任务为宗旨，立足小学生实际，从卷帙浩繁的中华优秀传统文化教育内容中精心选编了六个类型的内容，即汉字文化、古代蒙学读物、古代文学作品、历史名人故事、文化艺术、文化常识和民风民俗等，内容丰富，覆盖

[①] 国家统编义务教育道德与法治、语文、历史教材将于今年9月启用[J].中小学德育，2017(06):78.

面广,对于引导学生感受传统文化精粹、陶冶性情、提高审美能力不无裨益。"[1]"统编本教材更重视汉字的传统文化内涵。如一年级上册以《天地人》开篇,蕴含着丰富的传统文化思想,《周易》中的'天行健,君子以自强不息;地势坤,君子以厚德载物',《孟子》中的'天时不如地利,地利不如人和'都与其相关。"[2]但教师如何通过课堂教学有效地使用这些含有传统文化内涵的教材内容,既完成语文学科教学的基本任务,又能在立德树人总任务指导下,有效渗透传统文化,却是当前面临的实践难题:一是一年级初始就以识字教学取代拼音教学,虽不是新事物,但颠覆了过往二三十年的小学语文教学习惯;二是识字教育的师资培训仍未大规模开展;三是教学思维惯性一时还难以改变,更重要的是,对这类课的教学科研也尚未深度展开。在此,笔者不揣浅陋,结合第一课的六份教学实践案例,除了反思识字教学的一般经验,更以落实传统文化传承的民族思维训练的必要性、可能性和实操性为思考重

---

[1] 段宗平. 统编本小学语文教材的六点创新 [J]. 语文建设, 2018(07): 19-23.

[2] 崔凤琦, 康凯. 语文 S 版与统编教材传统文化内容比对研究 [J]. 语文建设, 2019(16): 20-23.

第八讲 从识字到象思维,以《天地人 你我他》为例

点,就小学语文课堂中如何有效渗透传统文化提出自己的思考,并请教于业界方家。

一、课例之窗:《天地人 你我他》的教学启示

在统编版语文教材教学实验阶段,敏锐的一线小学教师和教研员就开始关注这节课,从课堂教学实践出发对《天地人 你我他》开始了初步总结。本文目前收集到了六份教学实践案例,其基本情况见下表:

\<\<天地人 你我他\>\>教学实践案例基本情况一览表					
题名	作者	单位	岗位	来源	类型
没学拼音,识字课怎么教——部编教材第一课《天地人》教学思考及操作举隅(后简称"案例1")	曹爱卫	浙江省杭州市长寿桥小学	语文教师	小学教学研究,2016(25):13-15	教学建议
《天地人》创课教学(后简称"案例2")	孙建锋	深圳市福田区教育科学研究院	教研员	语文教学通讯,2018(30):36-37	课堂过程描述
素养为本的单元整体设计——以统编小学语文教材第一册第一单元为例(后简称"案例3")	蒋琳	江苏省常州市兰陵小学	校长	基础教育课程,2019(10):17-21	整体教学建议

续表

题名	作者	单位	岗位	来源	类型
识字种子课，给学生语文学习以生长的力量——以《天地人》教学为例（后简称"案例4"）	罗晓霞	广州市海珠区知信小学	语文教师	教育观察，2019（17）：108+115	教学案例
统编版语文教材一年级第1课《天地人 你我他》（后简称"案例5"）	张聪	北京东城区史家小学	语文教师	https://mp.weixin.qq.com/s/h2EYCBTY6I00LmJiAzSc4A［2020-04-27］	说课教案
转轴拨弦三两声，未成曲调先有情——《天地人 你我他》说课稿（后简称"案例6"）	蒋萍	广州市黄埔区深井小学	音乐教师	https://mp.weixin.qq.com/s/PVY-P947R7OoWVl3U-O03A［2020-04-28］	说课教案

上表六份案例的教学实践性非常强。正式发表教学科研文章四份，自媒体发表两份，但都是针对统编版语文教材第一课或第一单元的课堂教学，是一线教学实践的设计，不是教学理论研究。另一方面，六份案例全部来自小学教学的一线人员，其中校长一名，教研员一名，语文教师三名，音乐教师一名，人员代表性比较全面，管理、科研和教学都有涉及。

就现有六份案例来说，参与的以北京、广州、深圳等一线城市以及浙江、江苏等东部沿海省份教育工作者居多，

第八讲　从识字到象思维，以《天地人　你我他》为例

他们对教材的领悟更灵敏，反应速度更快，虽然区域代表不够全面，但在教材实验阶段，可以作为前期使用这套语文教材开展教学实验的一线直接反馈，反映了前期教学实践的思索和实践，对于本文的实践探究性主旨有典型代表意义。

（一）统编语文教材第一课，有创意，内涵深，传统文化渗透课，意义重大

统编语文教材是经历"一纲多本"语文教学实验之后重新由国家组织编写的，其国家意志、社会影响、文化传承的考量和落实，应该在语言文字的知识传授与技能训练之中得到更全面、更完整和更长远的融合。小学语文第一册第一课的改变，不再单纯从学习汉语拼音字母开始学语文，不再从生活中可见的、可触摸的、最简单的文字入手识字，而从"天地人　你我他"六个汉字开始学习语文，这得到了语文教学一线教师的普遍理解和认可。就这一课，杭州曹爱卫觉其"内容简单，含意丰富，从古到今，由他及我"；深圳孙建锋叹其"简约到只有六字，着实让人耳目一新"；常州蒋琳赞其"文化内涵丰富，传统意味浓郁"，渗透了天人合一的思想；广州罗晓霞认为其"理念焕新"，"先识常用字，后学汉语拼音"，"以

字为媒，传承中华传统文化"；北京张聪肯定其"意义重大"，"使学生离开蒙昧的枷锁，获得精神的自由，传承文化，托付自我"；广州蒋萍指出"先从字开始学习，特别有创意和意味的安排"，"是要让学生感受宇宙、自然与人的关系，树立宇宙观意识、自然观意识以及自我意识"。（以上引文均引自案例文章，出处见上表，不再注明出处，后引案例文，俱仿此。）

（二）客观分析新生学情，分清教学有利、不利因素

小学语文第一课，处在幼小衔接的转折点，是小学生接触语文的起点，是人生正式学习征程的出发点，这是学情的共性。此时的小学生还停留在图画识字阶段，识字水平差异较大，师生相互不了解，良好的课堂学习习惯尚未养成，感性认识强而理性推理能力弱，但孩子们天性纯真，学习热情高涨，表达意愿强烈，接受新事物的敏感度高。如何在准确判断小学生的知识水准后，直面小学生的认知特征，避开不利的教学条件，发挥有利的教学条件，充分调动小学生学习语文的能动性，让小学生喜欢汉字，爱上语文，感受中华文化魅力，就成为开展语文识字教学和渗透传统文化的前提性和基础性工作。

第八讲 从识字到象思维，以《天地人 你我他》为例

学情分析、教学目标、教学过程、教学方法、教学用具一览表						
案例	案例1	案例2	案例3	案例4	案例5	案例6
有利因素	渴盼开学，学习愿望强烈。	孩子天生就是哲学家。	学习有兴趣。	写独体字，减缓负担，感性思维为主。	感受敏锐；积极表达。	识字量不大。兴趣易激发，感知力强。
不利因素	1.图像化识记汉字，形近字易混淆，对汉字形义联系缺乏主动思考；2.缺乏汉字识字方法的引导。	1.没当这是上课，好像在家里任性撒欢；2.孩子口里的没有颜色就是心里没有感情的隐喻。	1.本单元内容容量大，难度也大；2.教学目标不能高，坡度不宜大；3.尚未形成好的学习语言文字的习惯。	1.零基础；2.感性思维主导；3.专注力不持久；4.图画整体识字，不注意细节；5.学生识字量存在差异。	1.机械记忆；2.整体记忆；3.识字量少，无法组合。	1."天人合一"的内涵过于深邃；2.良好的学习习惯尚未形成，学习注意力维持时间尚短，兴趣容易消散。
教学目标	1.建立汉字音形义之间的形象联系；2.强化汉字的实践运用；3.追本溯源，渗透汉字文化。	1.创设新教学场域；2.创设师生新的连接3.重新认识自己。	1.喜欢汉字，主动识字；2.在游戏和生活场景中识字；3.认识基本笔画，尝试书写汉字；4.喜欢阅读，初步感知韵文；5.能观察，有好奇心，能说观察所得。	1.理念焕新，构建顶层教学框架;2.化难为简，满足幼小衔接需求；3.以字为媒，传承中华传统文化。	1.培育学生热爱、亲近、礼敬中华文化的情感。2.大声朗读"天地人 你我他"，感悟这六个字与自我的关系。	1.认读中华民族传统文化六个字，激发识字兴趣，培养汉字思维；2.培养学习习惯。3.感受天地人博大内涵，树立文化自豪感，坚定自信心。

续表

案例	案例1	案例2	案例3	案例4	案例5	案例6
教学过程	1.边识字边听读、跟读、自读；2.创设情境，在使用汉字中理解汉字；3.通过认识汉字字形的古今流变，讲解字理。	1.教室内识字，2.去操场望天、看地、认人；3.师生对话交心；4.师生做拼字游戏；5.师生拼"人"字游戏，理解人的内涵。	1.玩游戏识字；2.读儿歌识字；3.听线上、线下故事，理解字；4.欣赏书画，读儿歌，认识字；5.玩游戏，练写字；6.画象形字；7.对对子；8.阅读中增加识字。	1.明确规范；2.感性刺激，文化熏陶；3.游戏导学；4.多维（形、音、义、词和写）互动。	1.学生向老师行礼，学生之间互相行礼；2.画人与天地的关系图；3.识读天地人；4.讲故事；5.再识读天地人。	1.激趣导入，节奏听说"你、我、他"；2.讲故事，画字形，形体体验；3.转盘游戏锻炼组词说话；5.节奏听说结束游戏；6.主题描述心中的天地世界。
教学方法	1.图形、字卡识字法；2.微视频情境识字法；3.字形构字识字法。	1.识字读字法；2.游戏识字法；3.对话识字法。	1.游戏识字法；2.识读法；3.听故事法；4.书画识字法；5.用字阅读法。	1.仪式导入；2.音视频法；3.画面形象法；4.字形演变法；5.体验识字法；6.联系生活识字。	1.礼仪体验导入；2.问答法；3.故事识字法；4.识读法。	1.音乐节奏听读导入法；2.讲故事；3.画字形；4.游戏识字；5.讲述识字法。
教学用具	粉笔、黑板、图片、字词卡、微课等。	操场、天地、师生的身体。	粉笔、黑板、网络教学资源、书画、图书等。	音频、图画、字卡等。	粉笔、黑板、卡纸等。	粉笔、黑板、字卡、转字盘等。

第八讲　从识字到象思维，以《天地人　你我他》为例

通过上表：一方面，对学情有利因素认定更积极的教师，在教学目标、教学过程、教学方法、教学用具的确定方面，更具灵活度，更能调动学生的主体体验，更具有文化引领的深度，如案例2、案例5。对学情分析持有更多消极看法的教师，对教学目标、教学过程、教学方法、教学用具的确定方面，更多样化，更丰富，更能照顾到每一个学生的基本知识和基本能力，如案例1、案例3、案例4和案例6。

另一方面，语文教师在新教材面前，已经不再纠结于语文的工具性与人文性，而是在实现工具性的过程中实现语文的人文性。除案例2注重打破常规课堂教学的地点、过程，从而在教学的直接目标上不明确设定为识字教学外，其他五个教学实践案例基本以认识汉字、诵读汉字和理解汉字文化为最基本的教学目标，但侧重点也有所不同，案例1强调汉字音形义的形象联系，强化汉字的实践运用，探究汉字的源流，渗透汉字文化，这是从汉字的形象感知到运用反馈，辅助以汉字源流，认识汉字文化，认识到汉字的音形义、源流和文化之间具有内在的关系；案例3则注重孩子的认识汉字的内在学习兴趣、意愿、动手能力、情感确立和观察能力训练，偏向心理认知和能力训练；案

例4则关注理念的更换、学习阶段的衔接，文化的传承，关注点比较开阔；案例5则注重培养学生对传统文化的感受力，通过自我的唤醒，内化传统文化的认同感；案例6则注重识字兴趣、汉字思维、学习习惯和文化认同感。这些教学目标的确立，正说明在当下的中小学语文教学实践中，对于语文教学工具性和人文性的双重兼顾，在这一次的统编教材中普遍得到一线教育工作者的积极响应。

（三）反思有侧重，问题全集中到如何渗透传统文化

教学反思是教学实践的再总结和再提高，六例反思，有微观关注，也有宏观思考；有应对新教材的挑战，也有直接走创意课；有的强调真实可操作性，有的提出文化深度主观体验。但对在识字教学中深度渗透传统文化的体验，都具有高度的探究性。具体内容见下表：

\<天地人　你我他\>教学实践案例反思	
案例	教学思考
案例1	1. 拼音没学，直接学汉字，这样的识字课该怎么教？2. 国画是民族文化的代表部分，如何在教学中帮助识字，并渗透传统文化？
案例2	怎样穿新鞋，走新路，即利用新教材，上出新教法，创意识字课堂。
案例3	1. 要分析课程标准、学情和教材，立足学科核心素养，合理设置学习目标。2. 进行适度的文化渗透和熏陶，传播弘扬中华民族的优秀传统文化是每一个中国人的责任和使命。

第八讲 从识字到象思维，以《天地人 你我他》为例

续表

案例	教学思考
案例4	1. 识字课是学生学习语文的种子课，新教材给教师教学带来了新挑战，如何应对？2. 如何通过识字课教学的设计，增强对新课程理念的理解？
案例5	1. 对"天地人 你我他"的学习，是一个仪式，是一种"礼"。2. 是一个非常富有深远意味的文化觉醒的场景。
案例6	1. 形象化呈现、儿童化实施、生活化理解。2. 追求真实的、扎实的、朴实的课堂。

综上，六例第一课教学实践案例，在识字教学和渗透传统文化教学上都进行了积极探索，对学情分析、教学目标确定、教学过程组织、教学方法和教学工具选用、教学实践的反思等都有明确的考虑，但由于本次选取的六篇教学实践案例都是教学实践研究，不是教学实践的理论研究或者教学模式探究，在关于识字教学的一般规范、传统文化内容（天地人三才思想、整体思维、群己关系以及人格养成等）等方面并无过多探讨。一线教学实践者在这些比较宏观的问题上缺乏探讨，是可以理解的，但在当下全社会都提倡传承发展中华优秀传统文化，尤其是构建贯穿国民教育始终的中华优秀传统文化课程体系之际，如何结合时代的需求、综合一线教学的实践成果，提出有效的语文课堂上渗透传统文化的教学突破方法，就成为必须思考和

研究的问题。

识字教学渗透传统文化的重要性和可行性越来越受到教育界的认可,"识字的过程,就是一个认识自我、认识宇宙、认识自然与万物的过程。一次识字之旅,就是一次接受中华文化洗礼的过程"[①]。但关键问题是如何播撒文化的种子并能够在学生的生命中茁壮成长。下面紧扣第一课《天地人　你我他》中的六个字,运用民族思维训练来探讨语文识字教学中渗透传统文化的实施途径。

二、思维之光:象思维与传统文化的融合契机

按照中医学理论,象思维就是以直观的形象、表象、物象、现象为基础,以意象、应象为特征和法则来类推事物的发展变化规律,从而认识自然与人类自身的思维方式。象思维主要通过三个过程来实现:从形象到意象再到应象,应象又反过来影响意象和形象。所谓形象思维,就是运用感知器官直接观察事物的形象和表象来认识事物、解决问题的思维方式;所谓意象思维,就是在形象思维的基础上,

---

① 诸定国.基于汉字字理的识字教学——以统编版一年级教材为例[J].教育视界,2018(14):25-28+2.

第八讲 从识字到象思维,以《天地人 你我他》为例

对具体事物或现象进行抽象的思维方式,其抽象的过程就是去粗取精、去伪存真、由此及彼、由表及里;所谓应象思维,就是以取象比类为基本方法,根据某类事物的特性,将与其相近、相似、相同特性的物象、现象,归纳为同一类别,同气相求,同类相通,以此证彼的思维方式。三者之中,形象思维是基础、是根本,意象思维是特征,应象思维是法则。①从中可以看出,形象思维与感知认识有关,意象思维与理智认识有关,而应象思维与直觉认知有关。象思维与人类的认知特征是直接相关的,不过,中华优秀传统文化更注重意象思维和应象思维的把握,所以在任何试图深度理解中华优秀传统文化的努力上,如果仅仅训练形象思维,对传统文化的理解就会停留在经验、实际乃至实用的层次,如果过分强调意象思维尤其是应象思维,就会将对传统文化的理解推向无所不应乃至神秘体验的境界,所以必须紧扣思维的三个阶段,从而理解中华优秀传统文化中的经验理性和整体变易智慧。

按照王树人的研究成果来看,"与西方文化的概念思

---

① 郑洪新.中医基础理论[M].北京:中国中医药出版社,2016:13-15.

维相比,'象思维'是更富于原创性的思维方式,其理论的早熟形态,最典型地体现在中国传统文化之中,它是中国传统中主导性的、最基本的思维方式。易言之,'象思维'乃是中国传统智慧的本质内涵和基本特征,它也构成了中国传统智慧创造的灵魂。""象思维乃是一种超越主客二元对立的,诉诸整体直观的非对象化的思维模式,其典型形态就是由周易所体现的一种动态的整体直观,具有'非实体性、非对象性、非现成性',或'动态整体的悟性',或'诗意性'的特征。"[①]有学者指出,人文教育应该由唯概念思维走向"象思维"[②],那么,汉字与象思维有关系吗?能否借助象思维训练实现中华优秀传统文化的教育传承呢?

(一)汉字字形教学需要正确的打开方式

汉字是几千年来未曾中断的自源文字、方块象形字、表意文字,这是世界上独一无二的文化现象,也是开展识字教学中进行传统文化思维的重要文化背景。于省吾说:

[①] 李安泽."象思维"视野下的中国智慧——读王树人近著《回归原创之思》[J]. 学术研究, 2006(12): 142-143.

[②] 张祥云. 人文教育:由唯概念思维走向"象思维"[J]. 深圳大学学报(人文社会科学版), 2003(03): 122-124.

第八讲　从识字到象思维，以《天地人　你我他》为例

"中国古文字中的某些象形字和会意字，往往形象地反映了古代社会活动的实际情况，可见文字的本身也是很珍贵的史料。"①"由于历史的发展演变，许多汉字的形、音、义都有程度不同的变化，有的甚至很难从今天的汉字构形看出其深含的文化内涵。但是，如果我们溯本求源，从汉字的演变考察，还是可以看出一些现代汉字的构形在汉字字系中的位置及文化内涵。"②

从某种角度来说，汉语汉字直接影响和塑造了中华民族的源生性的象思维。"事实上，思维方式的本质内涵及其特征总是和语言文字密切相关的。中国的汉语言文字都是与'象'密切联系在一起的，从根本上说，都是借助'象'来表意的。作为汉字造字法的'象形''指事''形声''会意'四种方法，本质上几乎都可以归结为'象形'表意。因为，'指事'之'指'也是'象'，也就是'象事'。至于'形声''会意'自不必说，其尽意根本都在于'象'。不难看出，'象思维'从根本上说，是与以'象形'

---

① 于省吾. 甲骨文字释林·序[M]. 北京：中华书局，1979：5.
② 邹晓丽. 从文化学的角度看汉字形体的史料性[J]. 北京师范大学学报（人文社会科学版），2000（02）：94-100.

为根基的汉语言文字密不可分的。"[1]"虽然任何文字都具有形音义统一体之特征,但汉字之形与拼音文字之形显然具有本质区别。拼音文字之形不是象形,不可能像汉字以形表意那样引起联想。不过,拼音文字之声象突出,能以声表意而引起联想。就是说,'象思维'在中国和西方都有其语言文字上的根源。问题是,西方拼音语言文字,由于语法文法发达,而导致富于逻辑理性;中国汉字则由于语法文法不发达,而导致富于诗意悟性。所谓中国'象思维',正是与汉语言文字这种诗意悟性密切相关。即使就声象而言,中国汉字单音节,在声象上也极富诗意性和铿锵音乐性。可知,在'象思维'成熟阶段,也即在文字产生后,汉字由于仍然保留有象形性根基,所以使中国人一直保有'象思维'之特长,使中国思想文化得以在'象思维'中诞生,因而具有自己的突出特征:富于诗意,文史哲不分家等特点。"[2]

---

[1] 王树人."象思维"与原创性论纲[J].哲学研究,2005(03):32-36.

[2] 王树人.中国哲学与文化之根——"象"与"象思维"引论[J].河北学刊,2007(05):21-25.

第八讲　从识字到象思维,以《天地人　你我他》为例

（二）构形、构意与象思维训练存在内在的一致性

王宁强调汉字分析要有步骤,就是准确分拆汉字的构形→理解汉字的构意→懂得汉字的字理,这与从形象思维→意象思维→应象思维的训练模型有相当的对应性。

从分析文字构形到形象思维训练。"构形是指一个汉字由哪些部件组合而成、组合的方式是什么。"①总的原则来说,汉字的部件,是先有独体象形字,慢慢过渡到合体字,所以构成文字的部件,分析到最后都是由象形文字或其变体构成,因此,一个汉字最终是可以找到形象的源头依据,就此可以开展形象思维训练。古人模仿事物的象来造字,这些象主要是天象、地象、生物之象、取人身远近之象,都是生活中有的,而小学生最初认识的汉字也都是生活中最常见的,那么在识字时,就不仅仅是唤醒孩子的感知器官（眼耳鼻舌身）、训练其感官的感受能力（视听嗅味触）,还要使孩子们感知到形象认知的丰富、主次。

从掌握汉字的构意、懂得字理到象思维的意象思维训练和应象思维训练。"构意是造字者根据词义设计汉字字

---

① 王宁.汉字与中华文化十讲［M］.北京:生活·读书·新知三联书店,2018:118.

形的意图，又称为造意。它是语言的意义转换为汉字的结构时，使用汉字的大众共同约定设计并加以整理的。造意不等于词义，词义是语言的意义，而造意是根据语言意义来造字的意图。"[1]汉字的构意，主要体现着中华先人对天地人万物关系的思考，它不是实际交际中的词义，不明显，潜藏在造字的过程中，形成一种集体的无意识，但被普遍认可、共同接受，这恰恰是历史变动、字形变化之后的民族深沉的文化心理意识，代表着中华民族特有的思维方式、价值共识和意义追求。中华先人依靠观察万物的形象，通过日常的生产和生活经验积累，逐渐归纳整理出天地人之间的合作共生之道，运用直觉领悟到超越感知和理智之上的自然运动规律——道，并反过来确立人的主体性、能动性和价值性：第一个就是取法自然之道，第二个就是效法自然之道，第三个就是践行自然之道。这一天地人合一的文化深意就是通过汉字这个民族文化的基因一代代流传下来，需要我们用适当的方式维护好这个基因，让中华民族不至于基因变异。在此，为了说明象思维与识字教育

---

[1] 王宁.汉字与中华文化十讲[M].北京：生活·读书·新知三联书店，2018：118-119.

第八讲　从识字到象思维,以《天地人　你我他》为例

之间的一致性,特举王宁在《汉字与中华文化十讲》中对"天"字的分析,以此作为验证,表现在识字教学中开展传统文化渗透具有实操性。

内容　分析汉字 及学理依据　步骤	构形	构意	字理
"天"字举例	"天"是自然的至高顶点,头是人体的至高顶点,故"天"的造字取象于头。	中国古代天人合一的自然观、文化观。	古人崇尚自然的审美观。[①]
象思维	形象思维	意象思维	应象思维
心理	感觉	智觉	直觉
教育	知识与技能	过程与方法	情感、立场与价值观
文学	兴	比	赋
历史	史才	史学	史识
哲学	感性	理性	悟性

由于汉字的造字中含有深刻的民族文化思维、价值共识和意义追求,所以识字教学就不能停留在字音、笔画、组词造句的语文知识、技能的浅层上,而要上升到一种文

[①] 王宁.汉字与中华文化十讲[M].北京:生活·读书·新知三联书店,2018:101-102.

化的传承和理解上，这不是一种不必要的任务添加，而是确保中华文明和中华文化不中断的一种必要保障，所以识字事大，关涉文化传承与文明进步。

三、探索之路：识字教学中的象思维训练

对于统编本第一课为什么会安排《天地人　你我他》，温儒敏有个解释："入学教育以后，第一篇识字课文，就是'天地人　你我他'，六个大的楷体字扑面而来，会给刚上学的孩子留下很深的印象，这个印象可能是一辈子的印象。接下来是'金、木、水、火、土''云对雨，雪对风'等，很传统，也很有趣。为什么这样安排？要的是孩子们对汉字的原初感觉，留给孩子们的'第一印象'不是字母abc，而是汉字'天地人'。"[①]其实，这里说的"留下很深的印象""一辈子的印象""原初感觉"其实都是第一课识字教学对人一辈子的知识、文化的引领作用，就是化知识为价值共识，用价值指导行为，而这一点恰恰是懂汉字之理所要追求的"以文化人"的效果，也是应象思维训练所追求

---

① 温儒敏.如何用好"统编本"小学语文教材［J］.课程·教材·教法，2018（02）：4-9+17.

第八讲 从识字到象思维,以《天地人 你我他》为例

的目标。

但如何从形象思维过渡到意象思维,又如何从意象思维提升到应象思维,也就是如何开展课堂教学当中对学生的民族思维训练,这恰恰是我们当下在语文教学中有效渗透传统文化的突破点之一。

正是由于象思维与象形文字都关联着中华优秀传统文化,所以在第一课《天地人 你我他》的教学实践中,一线的教学工作者已经自发地在运用思维训练,在小学生的识字教学中实际训练着学习者的形象思维、意象思维和应象思维,只不过这些教学工作者处在一种不自觉的状态,下面就通过六份第一课的教学实践案例分析来展现象思维训练的实际状况,为更好地自觉运用象思维训练提供借鉴。

《天地人 你我他》识字教学实践案例与象思维训练对比分析

思维 案例	形象思维训练	意象思维训练	应象思维训练
案例1	1. 通过地球图片感知高山、河流与土地的区别;2. 区别草地、雪地、菜地的不同;3. 通过组词联想到陆地、大地、地毯等。	1. 以动物为主角的《你我他》微课;2. 词卡识别,现场理解应用;3. 分组识字演练,加深理解。	1. 大地养育着我们,就像妈妈一样;2. 懂礼仪、爱劳动,人区别于动物的两个最大的特点。

续表

思维 案例	形象思维训练	意象思维训练	应象思维训练
案例2	1.从教室转到操场；2.我看到了"天"，它是蓝色的！我看见了地，它是黄色的。我看见了你们每一个人，是无色的；3.我们每个人，都把自己站成一个"人"字形，李老师和孩子们躺在操场上，用身体"写字"，"字形"不断变换。	1.通过教学，教师在孩子们眼里从"没有颜色"到"有一点儿'灵魂'的颜色"，学生在老师眼里成了"未来女儿的颜色"；2.对着天地喊：我是人！操场上，一个个"人"，一个个顶天立地的人，仰望天空，俯视大地，自由呼喊："我是人！"	1."'你我他'不见了……'人'不见了……'笑声'不见了……"孩子们说："'天'还在，'地'还在。"2."我们每个人都是天地间匆匆的过客啊。"
案例3	学生把天地人以及相关的具体事物、大脑里已形成的关于这些事物的表象和概念，与表示这些事物的文字符号有机地联系起来。	1.教师带着他们一起聊聊《盘古开天辟地》的故事；2.一起欣赏国画《一望大江开》所创设的情境，让他们隐隐约约感受到人就像盘古一样站立在天地之间。	1.天在上，覆盖万物；地在下，衍生万物。人是天地之间的精华，是万物之灵。2.知道"我是中国人"，方块字是祖国的文字，逐步培养热爱祖国语言文字的感情。
案例4	1.播放古曲《高山流水》；2.展示包含"天地人"的国画；3.展示"天"和"人"的古文字；4.请学生用身体摆出"天"和"人"字形状。	1.口耳相传，读中识记；2.留心观察，对比识记；3.紧扣生活，联想识记。	1."天地人"涵盖了宇宙间最重要的事物——"天""大地""人类"；2."你我他"说明了社会平等互助和团结协作的人际关系。

第八讲 从识字到象思维,以《天地人 你我他》为例

续表

思维 案例	形象思维训练	意象思维训练	应象思维训练
案例5	1.抑扬顿挫地读这六个汉字;2.学生向老师行礼、学生之间互相行礼;3.示范人字的写法,学生跟随老师书空;4.学生从日月星辰、山川河流、草木鱼虫等来分享天地人;5.每个人的脑海里都会呈现出一幅天地人的画面,出现一幅属于他自己的世界的图景。	1.我们就一起来学写这个人字,同时也希望你们能记住老师告诉你们的第一句话:我们要做堂堂正正的人。2.教师绘声绘色地为学生讲述"盘古开天地"这样一个我们民族重要的创世神话,希望盘古顶天立地矗立在天地间的场景能够深深印刻在孩子的记忆中。	我们的班级是由你我他组成的,我们的学校也是由你我他组成的,大到我们的国家,大到天下,都是由你我他组成的,当你我他能够相互真诚友善相待的时候,我们的班级、我们的学校,我们的国家、整个天下才能够和谐、美好。
案例6	1.教师边打节奏边示范:我是蒋老师,我是个语文老师,你是×××,他是×××,你们是爱学习的好孩子,中国字真有趣,大家一起来上课;2.相机出示甲骨文"天地人","大"就是一个张开双臂的人,在"大"上面加一横变成"天",我们生活在天和地之间,我们是——人(板书"人")。	1.讲述盘古开天辟地的故事;2.联系生活实际对字进行组词,再联系成语、熟语;3.课件出示,识字大转盘扩词并说一句话。	1.节奏听说游戏进行小结。我是蒋老师,你是我的好学生,他也是我的好学生。我们都是中国人。我们生活在天地间,爱天空、爱大地,我们是自然中的和谐人;2.以"天空之旅"或"大地之旅"二选一描述心中的世界。设计意图:让学生走进生活,学习汉字,用思维导图培养学生的汉字思维。

人类的思维方式有象思维、形象思维、形式化思维、概念化思维和试错型思维，当今概念化思维比较突出，它具有"以概念为起点、普遍化、静态化、高阶对象化、事后反思化和后意义生成化"的特点，而象思维具有"原发、非对象（能象）、补对而生成、纯势态、潜在全息、时化和原初地语言化"七个特点。①据此，我们来分析一下上述六例教学实践案例的象思维特点：

1."借助形象建立汉字音形义之间的形象联系。"②分别借助图画的视觉、声音的听觉、身体的触觉等感知器官来展开特定学习者的形象思维训练，从感官的打开，自然地过渡到对字义的理解。

2. 让学生了解文字内涵，理解字义，运用文字，通过讲故事、玩游戏等加深理解，通过组词造句等学以致用，强调教学情境的创设，虽然与意象思维训练有所不同，但大体是联系比较紧密的。

3. 力求实现传统文化的渗透，让学生能领悟到你我他

---

① 张祥龙. 概念化思维与象思维[J]. 杭州师范大学学报（社会科学版），2008(05)：3-8+59.
② 曹爱卫. 没学拼音，识字课怎么教——部编教材第一课《天地人》教学思考及操作举隅[J]. 小学教学研究，2016(25)：13-15.

第八讲 从识字到象思维,以《天地人 你我他》为例

的平等,你我他构成人,天地人的一体,但是如何自然地让学生能理解到这一步,不同的教师认识高度是不一致的,其能实现的自信心是不同的,且明显没有意识到这一步的教学目标和教学意义。

针对上述实践案例,整合其合理的内容,拓展其应象思维训练的角度,重新将上表整理为一张图表,以供大家讨论:

教学建议＼象思维训练	形象思维训练	意象思维训练	应象思维训练
训练目标	刺激感官,开发感知,形成认知。	从其象到抽象,从特殊到一般,综合感知所得形成进一步的理解。	领悟人与自然、社会之间以及身心之间的内在一致性。
教学实践	从眼耳鼻舌身的学习感官的调动,到视听嗅味触的感知能力的发挥。图画、字形图片、音乐、自然景观、气味、形体接触等皆可以用来教学。	通过情境设置加深理解,通过神话故事、寓言故事、历史故事等加深理解,通过对话互动加深理解,在语言运用中加深理解。	启迪学生领悟汉字所代表的天人之间的整体、动态的关系,理解万事万物的多样性、差异性以及和谐相处的自然之道,主要突出人对万事万物的自然关系的观察以及明了这些关系之后的共生关系。
实践状态	现有教学运用较多,比较重视,很成熟。	大多数老师训练学生的概念化思维,但沉浸式体验思维尚作为一种创课提出来,能在象思维训练方面深入的较少。	受到概念思维和科学实证思想的影响,大多数教师还未深入到这一块开展教学实践。

255

四、意义之重：象思维引领的文化渗透

象思维具有原创性，能起到"开拓新思路，扩展新视角，提出新问题"的作用，还是"包括科学、艺术乃至所有创造或创新的根源"。大力提倡回归"象思维""才能真正把握中国文化的精神""在本原意义上来理解中国传统文化的经典……使中国文化研究从西方中心论的阴影中走出来"。[①]对于年幼的一、二年级小学生，在语文识字教学中渗透传统文化，受其知识程度和认知水平的双重限制，其难度不言而喻，但近现代人受到现代性思维的傲慢心态影响，视传统思维为落后原始思维，是不是也是增加了开展象思维训练的难度的众多因素之一呢？如果我们抛开这种偏见，从汉字的连续性与中华文化的持续性相表里的关系来看待识字，或许我们能从汉字身上找到民族思维的深深痕迹，随着学生年龄的增加，我们在汉字以及汉字组成的经典里，引领学生的价值达成、人格完善，也是一件有可能的教学实践。

---

① 李安泽."象思维"视野下的中国智慧——读王树人近著《回归原创之思》[J].学术研究，2006(12)：142-143.

第八讲　从识字到象思维,以《天地人　你我他》为例

语文学科与传统文化关系紧密,二者融合度高,育人力度强。语文识字教学通过传统文化的渗透,特别是自觉地运用象思维训练,更能发挥其立德树人的引领作用,传统文化通过文字、经典以及其背后所蕴含的民族思维训练乃至价值达成、人格熏陶,会找到恰当的落地方式。当然,二者的结合,需要掌握度,需要掌握时机,需要营造情境,而这关键在于语文教师的自身素养、他们的中国教育学的转向意识:叶澜认为当前的教育学要走向"教天地人事,育生命自觉"的教育转向。要从中国文化传统中吸收教育学转向的智慧资源。"文化传统的真正力量蕴藏在日常生活中,在常识中,在人类当前的生境中。""特别需要对中国文化传统相对于西方而言的独特性、对中华民族的民族性形成、对中国人精神世界的影响有一个深度的认识。""我们的文化传统是一种人间哲学、成人哲学,我们的教育学是成事成人的教育学。"[1]在渗透传统文化的语文识字教学中,不能仅仅停留在传统文化的识字和写字层面,而是要

---

[1] 叶澜,罗雯瑶,庞庆举.中国文化传统与教育学中国话语体系的建设——叶澜教授专访[J].苏州大学学报(教育科学版),2019(03):83-91.

深入到思维、价值和人格的渗透层次,以文字作为基础,不凭空说教,而是在识字教学中训练学生的思维,让学生终生难忘。这或许是一种理想的追求,但任何工作的前进,无不是在理想的指引下,向着美好靠近。我们提倡语文教学中的传统文化渗透,不是要走向封闭,而是要走向世界,用富有中国传统文化内涵的文字、文学、文艺去丰富世界语文学科的发展。

第九讲

经典研读七步骤，以《论语·学而第一》为例

第九讲 经典研读七步骤，以《论语·学而第一》为例

要实现中华优秀传统文化在教育普及方面的创造性转化、创新性发展，就离不开对中华优秀传统文化的主体儒家思想的批判性继承和发展，就离不开系统、深入、细致地研读儒学经典，尤其是纳入经学范围的儒学经典。

一、开启经典之门：研读的必要性与可能性

对于研读儒学经典即经学的意义，徐敬修说："所谓经学者，经世之学也。研究之者，则进足以治理国政，退足以修己独善；考究其政治典章，则又有资于读史；而治文学者，则又可以审文体之变迁；治地理者，则可以识方舆之沿革。盖经为中国文学之祖，古来政治之源，其所该甚广，学者所不可不知也。"[1]对于要传承和发展中华优秀传统文化的新时期专业从业者，自不待言，就是对于广大非专业人士的中学文化以上程度者而言，也要认识到儒学

---

[1] 徐敬修.国学常识[M].扬州：广陵书社，2009：85-86.

经典对于文化传承和创新的源头和基础作用。但经典传承问题的核心不在于儒学经典文本自身，而在于研读儒学经典的阅读者，是否能够真正做到批判性继承、开拓性发展；儒学经典研读者以何种方式进入文本的意义世界并将之转化为当下和未来的精神生活元素，在一定程度上取决于研读经典教学范式的过程设置。这一过程展开后所确立的教学范式，能有效保证研读者的学习效果。

如何研读经典，历代多有论述，而系统论述读书方法的当推南宋的朱熹，以其"书读百遍，其义自见"①而影响久远。朱熹的读书法对读书的环境预设、态度要求、步骤与方法等做了细致的规定，后来的私塾教育对其有所继承和发展，使之成为研读经典的有效范式之一。但在今天

---

① 朱熹.朱子读书法［M］.李孝国，董立平译注.天津：天津社会科学院出版社，2016：43."凡读书，须整顿几案，令洁净端正。将书册整齐顿放，正身体，对书册，详缓看字，子细分明。读之须要读得字字响亮，不可误一字，不可少一字，不可多一字，不可倒一字，不可牵强暗记。只是要多诵遍数，自然上口，久远不忘。古人云：'读书千遍，其义自见。'谓读得熟，则不待解说，自晓其义也。余尝谓读书有三到：心到、眼到、口到。心不在此则眼不看子细，心、眼既不专一，却只漫浪诵读，决不能记，记亦不能久也。'三到'之中，心到最急。心既到矣，眼、口岂有不到乎？"

第九讲 经典研读七步骤,以《论语·学而第一》为例

追求高效率的课堂教学上,由于课时的限制,学习目标的不同,只能是部分的继承,很难完全按照此方式展开教学。晚清处于中西学遽然转换之际,民国时期则处在中西文化交融、交锋的激战时期,传统经典的学习内容如何处置,始终是争论的核心问题。张之洞的《书目答问》、胡适的"中学国故丛书"目录、梁启超的"最低限度之必读书目"、鲁迅的大学国文系应读文学书目、钱穆的7部"中国人所人人必读的书",都是围绕选择哪些著作进行研读而展开,连带就如何研读经典的方式方法略有介绍,但大体停留在哪些章节可以读,哪些人注释的书可以读,书中哪些内容要精读,哪些内容可以略读浏览,对于如何具体研读虽有提及,但没有一种有效的研读经典范式确立。[1]

1999年前后,台湾地区的王财贵来到大陆做读经推广,他用"小朋友,跟我念"的六字读经方式,暂时性解决了没有师资、没有教材、没有课时的现实困扰,先让青少年大声读起来,实现了传统经典传承的瓶颈突破。2007年,教育部、国家语委、中央文明办联合主办了"中华诵·经典诵读行动",开展了中华诵经典诵读大赛、规范

---

[1] 徐敬修. 国学常识[M]. 扬州:广陵书社,2009:133-135.

汉字书写大赛等活动，特别是诵读、书写、讲解的传承经典方式的提出，极大地推动了传统经典尤其是儒学经典的通过教育途径的传播。"老实读经、大量读经"的民间经典教学实践越来越遭到实践者的反思，经典的诵读、书写、讲解，只是作为一种学校综合实践活动方案的实施方式，当下课堂上研读儒学经典表现在选择性阅读为主、主题式阅读、专题式研读为主，零碎的、功利的、片面的研读经典为主，没有形成一种有效的儒学经典研读课堂教学范式。如何构建一种儒学经典研读的课堂教学范式，使得能够依靠学习者的主动性，随着研读儒学经典文本过程的展开，学习者就能系统、深入、细致地读懂经典，受到思维的训练、思想的启迪，并且人格得以完善，自然成为当下实施中华优秀传统文化传承和发展、构建贯穿国民教育体系始终的中华优秀传统文化课程和教材体系的重要课堂教学实践环节。

儒学经典研读的课堂教学范式的构建，关键是"有效性"。这里的"有效性"：

第一是研读者的普遍有效。由于经典自身的文本古奥，时间久远，文言文与现代文之间差距过大，经典文本的开放性和多义性，一般研读者如果没有一定的训练，轻易不

第九讲　经典研读七步骤，以《论语·学而第一》为例

敢研读或者被排斥在研读经典文本的学习者之外。如果研读方式得当，可以改变这一状况，促使所有受教育的国民都成为经典的研读者，他们对于儒学经典的研读，享有"国民待遇"，人人有机会因儒学经典研读范式的确立而敢于且能够研读儒学经典，不能只是高端人群、专业人士或特殊人群享有研读经典的权利。

第二是指时间有效。研读者在教学范式过程中获取的历时性知识是可靠的、有学术依据的，经得起长时间检验的；所获得的共时性知识不是教授者一时一地传递出的偶然性知识，而是有学理依据的知识传承或创新。

第三是指系统有效。此种经典研读教学范式能够确保研读者感受到儒学经典自身的丰富而不是碎片的、零散的知识体系，不能只顾一点不及其他，不能让经典的解读毫不顾及文本自身的逻辑自洽，更不能望文生义、牵强附会、胡编乱造。

第四是主体有效。此种经典研读教学范式能够确保研读者基于自身的求知需求，选择系统的经典知识和解读资料，而不是事先安排的抽取排列的知识，研读过程的展开确保主体的全程参与，主动性探究学习始终处于主体地位，贯穿研读的全过程。

第五是导向有效。此种经典研读教学范式可以让研读者在完成学习过程后,得到思维的训练和价值引领,通过辨析历代的解释,结合自身的认知情况,修正完善自己的认知,确立正确的民族文化的情感、态度、价值观。此种导向不可能通过一次性的研读而快速完成,但是需要确保研读者能在探究性学习中得到多方面的触动,从而主动确立其认识的方向之维。

二、品味经典之美:《论语·学而第一》解读

下面就以《论语·学而第一》为例,来探讨在当下如何依靠自我学习过程的展开,从处理文本理解的不同方式中,不断加深乃至最终读懂经典。①

《论语·学而第一》:子曰:"学而时习之,不亦说乎?有朋自远方来,不亦乐乎?人不知而不愠,不亦君子乎?"

---

① 以下的经典读书法,充分借鉴了张志公先生《传统语文教育教材论——暨蒙学书目和书影》的研究成果,曾庆宁先生的"《大学》三鼎家学"的理论和实践,以及中国台湾地区始于1954年的《中国文化基本教材》的教学实践的总结(十六字课堂教学经验总结:"通其训诂,掌握精义。触类旁通,融入生活。"只是就教学的要求做了原则性规定,不是经典教学范式,此处不展开,对其经验总结,另文讨论)。

第九讲 经典研读七步骤,以《论语·学而第一》为例

此章内容,初中文化以上程度的国人,应该耳熟能详,对其意义也略有了解,但就是这么一章广为流传的内容,我们如何能做到系统、深入、细致地研读,从而训练我们的思维,巩固我们的价值立场,完善我们的人格呢?

为了确保学习者能正确、深刻地理解经典文本,得到经典传承的基本训练,拟按照七个步骤来开展(实际教学时可以适当调节):诵读经典、书写经典、注译经典、参读注译、完善注译、讲解经典、践习经典。

第一步:诵读经典。

诵读时,句读要正确,不可读破句子;正确读出文本字音;最佳境界是能按照古文的声律读出韵律之美,体味古人的意境。由于汉字是表意文字,经典文本大多数是单音节字,所以一般要求慢读,边读边体味其意境,将这作为理解文本的一个入门。

第二步:书写经典。

由于本章文本较短,可以抄写经典文本一遍;对于长文,则可以选择文中重要的段落或句子进行抄写,以对经典原文加深印象,但尽可能默写出关键字词,则是必要的训练。此处,可以结合识字教学,对个别的关键字,可以就这个字的字体源流、构字之理、用字之法来

进行文字学解读。

第三步：注译经典。

这一步骤主要依靠研读者的知识积累和人生阅历，对经典文本展开注释阐述、翻译转换和情景假设，以调动个人的全部认识去理解文本，以实现当下的经典文本转换和主体性解读。此一步骤又可分为三个方面：

第一方面，注释关键字词，如：1. 子，2. 学。[①]注释文字要尽可能简短、严谨、周密，不要存在歧义。

第二方面，翻译全章，要求内容准确、语句通顺、用词典雅。

第三方面，章旨辨析，研读者可以思考孔子当时说话的对象、时间、地点，是什么问题促使孔子这么回答？说话目的是什么？能做到吗？有什么不足？

每个学习者都有自己的理解，就会有不同的注释和翻译，只要忠实地记录下来，那么就完成了这一步工作：自己注译经典文本。

[①] 为了节约文字，有些关键字词不在这里展开，比如本章的"时""习""愠"，尤其是"君子"，读者如果有兴趣，可以自己进行对读。

第四步：参照注译。

选取历代名家的注解本，通过比较诸家在经典原文的注释、翻译、解读方面的不同，来理解不同时期学者的问题意识、学术路径和思想差异。本文选取朱熹《四书章句集注》①、杨伯峻《论语译注》②、钱穆《论语新解》③、孙钦善《论语注译》④、李零《丧家狗：我读〈论语〉》⑤五位学者的解读本来参照（选取版本的范围，当然可以根据研读者的自身条件和目的而有不同。此处只是做一个示范）。此一步骤也可以分为三个方面：

第一方面：比照阅读众家的注释文字，通过比较文字的不同，领略各自作者的关注差异，从而迅速找到理解文本的角度。

---

① (宋) 朱熹. 四书章句集注 [M]. 北京：中华书局, 2015. 以下引文均引自该书第49-50页, 不再单独注出。

② 杨伯峻. 论语译注 [M]. 北京：中华书局, 1960. 以下引文均引自该书第1-2页, 不再单独注出。

③ 钱穆. 论语新解 [M]. 北京：九州出版社, 2011. 以下引文均引自该书第1-4页, 不再单独注出。

④ 孙钦善. 论语注译 [M]. 南京：凤凰出版社, 2011. 以下引文均引自该书第1-2页, 不再单独注出。

⑤ 李零. 丧家狗：我读《论语》[M]. 太原：山西人民出版社, 2007. 以下引文均引自该书第51-54页, 不再单独注出。

1. "子"的不同注释：

朱熹《四书章句集注》：不注。

杨伯峻《论语译注》：《论语》"子曰"的"子"都是指孔子而言。

钱穆《论语新解》：或说："子，男子之通称。"或说："五等爵名。"春秋以后，执政之卿亦称子，其后匹夫为学者所宗亦称子，孔子、墨子是也。或说："孔子为鲁司寇，其门人称之曰子。称子不成辞则曰夫子。"《论语》孔子弟子唯有子、曾子二人称子，闵子、冉子单称子仅一见。

孙钦善《论语注译》：古时男子的尊称。《论语》中的"子曰"皆用来称孔子，等于说先生。

李零《丧家狗：我读〈论语〉》："子曰"，是孔子说。《论语》全书的"子曰"都是孔子说。古代子书，是以"子"称老师。如《孙子》十三篇，每篇开头多作"孙子曰"；《墨子》的《尚贤》等十篇，每篇开头也作"子墨子曰"。这样的"子"是对老师的尊称。研究《论语》，我们要知道，中国最早的老师怎么叫，学生称孔子为"子"，这个"子"是什么意思。

第九讲 经典研读七步骤,以《论语·学而第一》为例

"子"本来是贵族子弟的称呼。西周时期,贵族子弟多被称为"小子",就连王,在神祖面前也自称"小子"。春秋时期,人们以"夫子"或"子"称呼卿大夫,即当时的贵族官僚。"夫子"是第三人称,相当他老人家。"子"是第二人称,相当您老人家。"夫子"也可简称为"子"。"夫子"和"子"都是尊称。孔子当过鲁大夫,很短,只有三年,但他的学生是用这个头衔称他们的老师。这里的"子"是"夫子"的省略。古代最初只有一门学问,即做官的学问,长官就是老师,这叫官师之学。孔子强调,读书要做官,这不是他的发明,而是官师之学的传统。"诸子"的"子"是来源于官师,称呼老师和称呼首长是一样的。

2. "学"的不同注释:

朱熹《四书章句集注》:学之为言效也。人性皆善,而觉有先后,后觉者必效先觉之所为,乃可以明善而复其初也。

杨伯峻《论语译注》:不注。

钱穆《论语新解》:学:诵,习义。凡诵读练习

皆是学。旧说:"学,觉也,效也,后觉习效先觉之所为谓之学。"然社会文化日兴,文字使用日盛,后觉习效先觉,不能不诵读先觉之著述,则二义仍相通。

孙钦善《论语注译》:不注。

李零《丧家狗:我读〈论语〉》:不注。

作为研读者,如何理解关于这五个版本的关键字词的不同注释文字,理解其不同的阐释角度,乃至于思想分析,究竟哪一个更适合当下的解读,或者有助于当下的解读,这就需要我们准确理解注释者的学术立场和阐释原则,这非常有助于研读者在短期内了解学术思想的变迁和儒家文化的内在丰富性。

比如,怎么来注解"子",简单化处理,"子"就是指孔子。但要说"子"就是孔子,会带来很多麻烦,《论语》中还有有子、曾子,更重要的是还有"南子",那个"子"指的是一个女性,所以"《论语》'子曰'的'子'都是指孔子",这个"子"注解就比较完备,比较准确,不多一个字,也不能少一个字。如何完整、准确、严谨地注释经典文字,这是一个读懂经典很重要的方面。在过去,这门学问叫训诂,杨伯峻使用的训诂方法是义项法。

第九讲　经典研读七步骤，以《论语·学而第一》为例

而孙钦善的注释，既有对魏晋注释家的继承，也有对杨伯峻注释的吸收，更有对孔子敬意的表达，应该说是后来学者对历代注释的全面吸收。而李零的注释则考证文字多而思路清晰，也颇有见地。

再来看"学"的注释。朱熹《四书章句集注》："学之为言效也。人性皆善，而觉有先后，后觉者必效先觉之所为，乃可以明善而复其初也。"杨伯峻《论语译注》：不注。钱穆《论语新解》："学：诵，习义。凡诵读练习皆是学。旧说：'学，觉也，效也，后觉习效先觉之所为谓之学。'然社会文化日兴，文字使用日盛，后觉习效先觉，不能不诵读先觉之著述，则二义仍相通。"孙钦善《论语注译》：不注。李零《丧家狗：我读〈论语〉》：不注。这五个注释，选择哪个？为什么朱熹和钱穆对"学"的注释内容甚多，而杨伯峻、孙钦善、李零对"学"都没有注释，是因为"学"太简单而不需要注释，还是太复杂而无法注释？那么我们就要从译文来看了，也就是第四步的第二个方面，比照不同注释家的译文：

朱熹《四书章句集注》：无译文。

杨伯峻《论语译注》：孔子说："学了，然后按

一定的时间去实习它,不也高兴吗?有志同道合的人从远处来,不也快乐吗?人家不了解我,我却不怨恨,不也是君子吗?

钱穆《论语新解》:先生说:"学能时时反复习之,我心不很觉欣畅吗?有许多朋友从远而来,我心不更感快乐吗?别人不知道我,我心不存些微怫郁不欢之意,不真是一位修养有成德的君子吗?"

孙钦善《论语注译》:孔子说:"学了以后而又按时复习,不也是很高兴的吗?有朋友从远方来相会,不也是很快乐的吗?人家不了解自己而自己又不恼火,不也是君子吗?"

李零《丧家狗:我读〈论语〉》:无译文。

朱熹《四书章句集注》没有译文,杨伯峻《论语译注》译文是"孔子说:学了,然后……"钱穆《论语新解》翻译为:"先生说:学能……"他把"而"翻译成"能"。孙钦善《论语注译》翻译为:"孔子说:学了以后而又……"李零《丧家狗:我读〈论语〉》没有译文。杨伯峻、钱穆和孙钦善的译文都对"学"没有直接翻译,有的直接保留了这个"学"字,有的在"学"后加了一个"了"

第九讲 经典研读七步骤，以《论语·学而第一》为例

字，甚至加了一个逗号。

"学"怎么翻译？没法翻译！这就涉及对中华传统文化的深度理解。

为什么没法翻译？在现在的汉语词汇里找不出一个词对应它。所以钱穆、杨伯峻和孙钦善干脆不翻译了，翻译了就是不准确的，还不如不翻译。就如同"仁""礼乐""孝"等中华文化的核心词汇，无法找到对应的有效的西方英语单词。

比较不同的注释文本，能发现注释者的不同倚重倾向。比如，李零重文献梳理，朱熹偏理学阐释，钱穆站海外新儒家立场，杨伯峻本着严谨的实学立场，孙钦善则综合诸家择善而从。

第三方面：不同注释家的章旨辨析。

> 朱熹《四书章句集注》：此为书之首篇，故所记多务本之意，乃入道之门、积德之基、学者之先务也。
>
> 杨伯峻《论语译注》：无。
>
> 钱穆《论语新解》：本章乃叙述一理想学者之毕生经历，实亦孔子毕生为学之自述。学而时习，乃初学事，孔子十五志学以后当之。有朋远来，则中年成

学后事,孔子三十而立后当之。苟非学邃行尊,达于最高境界,不宜轻言人不我知,孔子五十知命后当之。学者惟当牢守学而时习之一境,斯可有远方朋来之乐。最后一境,本非学者所望。学求深造日进,至于人不能知,乃属无可奈何。圣人深造之已极,自知弥深,自信弥笃,乃曰"知我者其天乎",然非浅学所当骤企也。

孔子一生重在教,孔子之教重在学。孔子之教人以学,重在学为人之道。本篇各章,多务本之义,乃学者之先务,故《论语》编者列之全书之首。又以本章列本篇之首,实有深义。学者循此为学,时时反验之于己心,可以自考其学之虚实浅深,而其进不能自已矣。

学者读《论语》,当知反求诸己之义。如读此章,若不切实学而时习,宁知"不亦悦乎"之真义?孔子之学,皆由真修实践来。无此真修实践,即无由明其意蕴。本章学字,乃兼所学之"事"与为学之"功"言。孔门论学,范围虽广,然必兼心地修养与人格完成之两义。学者诚能如此章所言,自始即可有逢源之妙,而终身率循,亦不能尽所蕴之深。此圣人之言所

第九讲　经典研读七步骤,以《论语·学而第一》为例

以为上下一致,终始一辙也。

孔子距今已逾两千五百年,今之为学,自不能尽同于孔子之时。然即在今日,仍有时习,仍有朋来,仍有人不能知之一境。学者内心,仍亦有悦、有乐、有愠、不愠之辨。即再逾两千五百年,亦当如是。故知孔子之所启示,乃属一种通义,不受时限,通于古今,而义无不然,故为可贵。读者不可不知。

孙钦善《论语注译》:无。

李零《丧家狗:我读〈论语〉》:这一章好像研究生入学,导师给他们训话,主要是讲学习的快乐。第一乐是个人的快乐,你们来到我的门下,听我传道,按时复习,乐在其中。第二乐是和同学在一起,你们不光自己学,还不断有人慕名而来,成为你们的同学,弦歌一堂,岂不快哉?第三乐是师门以外,别人不了解,千万别生气,因为你学习的目标,是成为君子,学习是为自己学,别人不知道,照样是君子,你有君子的快乐,内心的快乐,不也很好吗?孔子好学,把学习当快乐,认为求知的快乐比求知本身还重要(《雍也》6.20)。这几句话,共同点是快乐。"说"即悦,是愉悦,"乐"是快乐,

"不愠"也还是愉悦或快乐。《论语》以此为第一章，很好。

通过比较众家的章旨辨析，可以加深对此章的背景和思想的理解。

第五步：完善译注。

在完成上面两步之后，依照第四步的参照，修正自注的注释、译文和章旨内容，形成自己认为相对准确、相对合理的注释和译文，重新做一遍注释、翻译和章旨辨析工作。

第六步：讲解经典。

有了上述的自己注译文字、参照诸家注译、重新完善自己的注译，无论是对字词句的理解，还是对章旨的辨析，都有了一个扎实的基础，不再是感性的意见性理解，在此基础上，可以通过自我复述大意或者讲解文本内容，巩固和加深对文本的理解。

第七步：践习经典。

儒学经典是讲究经世致用或者说是用来修身致用的，不纯粹是为了知识的积累，当较为全面地理解文本之后，就可以把这句经典的精神或原则带入日常行为当中去。比如，在传统文化课上开展《论语》研读，如果把"子曰"

的"子"翻译成"先生",那么后辈对先贤的敬意一下子就显现出来,比"孔子说"要好。这个称谓也反映了态度、立场、价值取向。当我们习惯了"先生说",那就是在课堂上的行为中加以落实。"学"要综合来考虑,不仅仅是知识的学习,还有内在人格境界的提升,那我们就会对"学"有一个全面的理解。

三、追寻智慧之光:经典研读方式的意义

当今社会,教育越来越普及,知识生产越来越丰富,科学技术发展越来越快速,但无论如何,人性的养育、品性的提升、人格的完善,并不能随着知识和技术的发展而自动完成,必须借助文化的传承和发展,才有可能营造一个人人向善向上的育人氛围,而这离不开传统文化的代代传承,在解决这一问题上,上述研读儒学经典课堂教学范式具有极其强烈的时代意义:

第一,实现了儒学经典研读者从精英人群到大众读者的转变

由于特定的社会环境,传统社会形成了支撑儒学经典研读的国家制度,尤其是科举制的发展和成熟,使儒学经典的研读局限于少数的读书人,也就是士人,但当今是国

民教育时代，要实现中华优秀传统文化贯穿国民教育始终的任务，而当新的研读范式建立时，就可以满足大众读者对儒学经典系统、深入、细致研读的精神生活需要。

第二，既保证了经典传承中解读的时效性，又保证了经典传承中内容的系统性和丰富性，还在批判性的研读中训练了研读者的思维，实现了价值引领的教育功能

这一研读儒学经典范式，化解了儒学经典传承中的灌输式学习、碎片化学习、标准答案式学习方式的问题，研读者通过对历时性的经典内容注释的了解，在理解不同时代、不同区域、不同立场的注释者的阐释后，就可以在经典阐释的丰富内容中，通过比较异同、排比范围、推理概念乃至深度思考，实现对研读者自身的共时性思维训练和价值达成。

第三，实现儒学经典传承的教师本位到学生本位的教学转换

这一研读儒学经典范式，充分尊重研读者的认知主体，不是让注释者完全主导研读者的学习过程，而是在协助研读者完善自身知识结构的过程中实现学习。

虽然上述研读经典的课堂教学范式是以儒学经典为主来构建的，但并不局限于儒学经典。楼宇烈倡导中国人读好

第九讲　经典研读七步骤，以《论语·学而第一》为例

"三玄四书五经"[①]，读完这些儒家和道家的基本典籍，就是读懂了中国文化的根源性典籍，就能对中华传统文化的精神、思想有基本的把握。楼氏认为，中华民族的经典虽然数量繁多，但是统之有序，众多的经典之间是"述而不作，理念相通"的。"三玄四书五经"代表了众多经典的内在一致性。

确立了经典的学习范围，再结合有效的研读范式，对渴望进入传统文化大门的中等文化以上程度的学习者而言，通过"一门深入，七步渐修"，完全可以在当今社会实现对经典的系统、深入、细致地研读。一门深入，就是选一部自己喜欢的经典，比如楼氏推荐的任何一部，尤其是《四书》：《大学》朱熹改本1753个字，《论语》15836字[②]；

[①] 楼宇烈.中国的品格[M].成都：四川人民出版社，2015：67-87."三玄"是指《老子》《庄子》《周易》，"四书"是指《大学》《论语》《孟子》《中庸》，"五经"是指《周易》《礼记》《尚书》《诗经》《春秋左传》，《大学》和《中庸》都是从《礼记》当中抽出来的，本来各是一篇文章，《周易》是重复的，所以读九本书就可以对中国文化的根源性的典籍有了解了。

[②] 关于《论语》原文字数的统计，历来有不同说法，有12750字一说，有13700字一说，此处取李零教授的说法："现在的《论语》，字数有15836字，不包括重文186字。古人统计字数，习惯是不计重文。"见李零著《丧家狗：我读〈论语〉》（太原：山西人民出版社，2007年版）第36页。

《孟子》34685个字,《中庸》3568个字,字数在今天来说,都不算多。怎么深入呢?就是上述的七个步骤的经典研读范式,希望通过这样的设计,实现《大学》里面说的"博学、审问、慎思、明辨、笃行"的中国人研读经典的学习方式,并让这种学习方式影响我们的生活方式和工作方式,从而确立民族文化的归属感,生发出文化自觉和文化自信。

第十讲

中华经典教学评价的新思路

第十讲　中华经典教学评价的新思路

教学评价是依据教学目标对教学过程及结果进行价值判断并为教学决策服务的活动，是对教学活动现实的或潜在的价值做出判断的过程。教育学者指出，教学评价的未来发展是理解，其主要任务是以理解为基础，对已有的教学评价进行全面改造和重组，即要重视评价标准的生成性、强调教学过程的评价、注重多样化的结果信息和在理解中开展教学评价。[①]这种以师生理解和过程评价为主要形式的教学评价是非常适合儒家经典教育的。然而当代儒学经典教育评价，恰恰与此相反。央视"开心学国学"和"中国汉字听写大会"，民间的"老实读经，大量读经"和"包本"背诵，都是强调记诵，强化量的学习。这也反映到学校内的儒学经典教育，如果坚持考核记忆量、书写量，像21世纪初一段时期内民间私塾、学堂以及部分学校一味追

---

① 刘志军.走向理解的教学评价初探［J］.教育理论与实践，2002(05)：45-49.

求诵读量和背诵量一样,就不能有效促进儒学经典教学的开展。山东省《中小学中华优秀传统文化课程指导纲要》注重多种评价方法的使用,关注学习过程,重在学生的文化体验和领悟;重视学生行为习惯的养成;重视将所学内容转化为价值评判能力和道德实践能力;重在学生的价值观的形成和文化素养的提高。这是对当前儒学经典教学评价的一次有益探索。

一、转型之思:儒学经典教学评价的新路径

目前转型期(从经典诵读转到经典教育,从个别学校转到区域开展,从校本教材转到地方教材等)的儒学经典教育表现出经典课程内容的多样性、教学目标的层次性、教学方法的差异性等特点,以一个标准对经典教育进行教学评价是不适当的,必须区分不同类型的经典教学并应用不同的评价手段。

第一类,积累性儒学经典教学的评价方式

因为历史原因,儒学经典教育在20世纪中后期出现中断,但从1991年以来,中国教育史上出现了蔚为壮观的"读经现象"。面对4—12岁学生,以读经为主要内容的儒学经典教育的核心就是积累,要点就是熟诵。熟读是积累

的前提，并不以背诵为唯一目标，但背诵是积累的自然结果之一。现代班级制教学开展集体诵读经典是对过去传统私塾、学堂等复式教学的继承和开拓，也要讲求合适的方式方法：教师先正读，接着领读，接着学生对读，等等。要用很多读法调动学生的参与度与积极性，集体课堂可能比传统私塾教学要好，因为班级集体氛围会引导学生默默参与进去。当然，熟读过程中的微观教学也很关键，在诵读时要训练青少年学生发声。总之，通过熟诵，包括朗诵、吟诵、唱读、和读、镂空读、接龙读等方法，以此来调动诵读经典的积极性，达到熟练诵读经典，这可以作为儒学经典教育的评价手段之一，但不宜拔高，不可作为主要评价手段。

第二类，常识性儒学经典教学的评价方式

儒学经典常识性内容学习贯穿大中小学始终，但以10岁到15岁之间为主。儒学经典教育的常识性内容包含甚广，上至天文，下到地理，中及人事。在中学开展的学科教学中，当涉及儒学经典常识时，要及时融入，主要是基本知识介绍，让学生了解为主；根据学校师资和地理人文条件，选择几门儒学经典常识点作为校本教材或校园活动开展，并进行相应的过程体验；对于青少年应知应会的儒学经典常识,学校主要通过鼓励学生课外阅读来开展学习,通过常识阅读问卷来考评,并根据考评结果来指导学生开展适宜的儒学经典常识阅读。随着中华优秀传统文化在中高考各学科中渗透的加深,这类常识性儒学经典读本的需求量会越来越大,读本质量的要求会更加严格,常识性儒学经典读本在青少年校内阅读和课外阅读中会越来越多地出现。

第三类,体验性儒学经典教学的评价方式

受过儒学经典教育的学生,与没有受过儒学经典教育的学生,在哪些方面体现出不同?目前教师和家长基本认可的就是儒学经典教育会增强学生的记忆力,提高其语文母语素养和自身的基本道德修养,但这些只是接受儒学经典教育之后带来的附带成果,而不是核心成效。在这个方面,也需要借鉴西方的当代教育成果,那就是体验性的教学方式,就是把教学的答案藏在学生的学习过程之中,在学生体验结束之后,快速形成对答案的有效共识。此种教学有趣而有用,对结论的认识深刻,甚至终生难忘。那么,在儒学经典教育中如何有效开展体验教学,这是摆在我们教育者面前的时代大课题。广东顺德有所学校在这方面开展了尝试,取得了一定的效果。该校的儒学经典文化教学,除了要求学生熟读基本经典，还每周开展一节经典文化体验课。如一节课主要学习《论语》中"食不语，寝不言"，教师分阶段进行教学：第一阶段，师生共读，熟读文本，8分钟；第二阶段，全班学生分成四组，要求四组根据文本分别写一段话、画一幅画、编个话剧、开展辩论，20分钟；第三阶段，每组派代表做成果汇报和展示，12分钟。教师引导孩子沟通、创作、演示、辩论来达成最佳共识，通过共识找到最佳答案，理解做人做事的道理。这样的课就是一节非常有效的儒学经典体验课。但是如何形成有效的、系统的、可操作性的儒学经典体验教学体系，还需要探索、总结和实践。

二、自主之光：学生自我评价与中华经典教学

对经典教学如何开展教学评价？评价是现代教育非常有效的组成部分，通过教学评价可以考察教学的效果，尤其考察教师的课程设计、教学展开，还有教学工具的有效运用，也可以考查学生对知识的理解能力和应用能力。朴素普遍的评价方式就是考试，但是教学评价不仅有考试，还有过程评价、主体评价，所以评价方式不能只限于考试，需要有所突破。

现在教学评价开始多样化、丰富化、差异化发展，经典教育的评价方式尤其需要尊重个性，维护主体性，夯实感受性，做好后续性，让学习从公共知识领域转换到个体私密领域中开展，成人最重要，成人的切实感受是学生自己感受到这种切实的成长。

第一，在经典教学评估中，以发现问题、提出问题、分析问题为评价中心

实施方式：1. 引导学生积极参与。教师可以通过提问、讨论等方式激发学生发现问题的兴趣。例如，在讲解经典作品时，提出一些开放性的问题，引导学生思考和质疑。鼓励学生勇敢地提出自己的问题，并给予积极地反馈和鼓励。2. 提供方法指导。教授学生发现问题、提出问题和分析问题的方法。例如，如何从不同角度看待经典作品、如何运用批判性思维工具等。引导学生学会收集资料、进行比较分析和逻辑推理，提高解决问题的能力。3. 营造一个鼓励提问和探索的学习氛围。让学生感受到自己的问题和观点受到重视，从而更加积极地参与到学习中来。提供丰富的学习资源，如图书、网络资料等，方便学生进行深入研究。

意义重大：1. 有助于培养批判性思维。当以发现问题、

提出问题、分析问题为评价中心时，批判性思维会在学习经典的过程中不断受到锻炼。学生不再是被动地接受经典中的内容，而是主动去思考其合理性、局限性以及与现实的关联。这种思维方式有助于学生在面对各种信息时保持理性和独立思考，不盲目跟从传统观念。2.促进深度理解。为了发现问题、提出问题并进行分析，需要对经典进行深入研读。这促使学生深入挖掘经典作品的内涵、背景和作者的意图，从而实现对经典的深度理解。相比单纯的记忆和背诵，这种方式能让人真正领悟经典的价值和智慧。3.提升解决问题的能力。在发现和分析问题的过程中，会逐渐学会运用各种方法和策略来解决问题。这不仅局限于解决经典文本中的问题，还能迁移到应对现实生活中的各种挑战。通过不断地实践和反思，学生解决问题能力将得到显著提升。

特点鲜明：1.互动性强。这种评价方式鼓励师生之间、学生之间的互动交流。学生可以与他人分享自己发现的问题和观点，共同探讨解决方案。互动的过程中，学生会接触到不同的视角和思路，拓宽自己的思维边界。2.注重过程。与传统的以考试成绩为主要评价标准不同，以发现问题、提出问题、分析问题为中心的评价更注重学习的过程。

它关注学生在学习经典过程中的思考、探索和努力,而不仅仅是关注最终的结果。3.个性化评价。由于每个人发现和提出的问题都可能不同,这种评价方式能够充分体现学生的个性和特长。教师可以根据学生的问题和分析给予针对性地反馈和指导,帮助学生更好地发挥自己的优势。

总之,以发现问题、提出问题、分析问题为评价中心的经典教育能够培养学生的批判性思维、深度理解能力和解决问题能力。在实施过程中,需要教师和学生共同努力,营造良好的学习环境,让经典教育焕发出新的活力。

第二,在经典教学评估中,以互动探究为评价方式

实施方法:1.小组讨论。教师可以将学生分成小组,针对经典教学内容中的某个问题或主题进行讨论。每个小组推选一名代表进行发言,汇报小组的讨论结果。教师可以根据小组的表现和发言内容进行评价,包括参与度、合作能力、观点的深度和广度等方面。2.课堂辩论。选择一个有争议的话题,组织学生进行课堂辩论。学生可以分成正方和反方,通过收集资料、分析论证来阐述自己的观点。教师可以从辩论的技巧、逻辑思维、论据的充分性等方面进行评价,同时也可以引导学生在辩论中学会尊重不同的观点,提高沟通能力。3.项目式学习。设计一个与经典教

学内容相关的项目，让学生以小组为单位合作完成。项目可以包括研究报告、作品展示、戏剧表演等形式。教师可以根据项目的完成情况、创新性、团队合作等进行评价，鼓励学生在项目中发挥自己的创造力和实践能力。4. 师生互动。教师在教学过程中要积极与学生进行互动，鼓励学生提问、发表自己的观点。教师可以根据学生的提问质量、参与度等进行评价。同时，教师也要及时给予学生反馈和指导，帮助他们更好地理解和掌握经典教学内容。

意义重大：1. 激发学生学习兴趣。当以互动探究作为评价方式时，学生不再是被动地接受知识，而是积极主动地参与到学习过程中。这种方式能够激发学生对经典教学内容的好奇心和探索欲，从而提高学习兴趣。例如，在小组讨论中，学生可以与同学们分享自己的观点和见解，同时也能从他人那里获得新的启发，这使学习变得更加有趣和富有挑战性。2. 培养合作能力。互动探究通常需要学生们合作完成任务，这有助于培养学生的团队合作精神和沟通能力。在合作过程中，学生需要学会倾听他人的意见，尊重不同的观点，共同解决问题。这种合作能力不仅在学习中十分重要，也将对学生的未来发展产生积极影响。3. 促进知识的深度理解。通过互动探究，学生可以从不同的角度去思考和分析经典教学内容，从而加深对知识的理解和掌握。例如，在课堂辩论中，学生需要对自己的观点进行深入地思考和论证，同时也要反驳对方的观点。这个过程中，学生会对经典作品中的主题、人物、情节等有更深刻的认识。4. 提高问题解决能力。互动探究往往会涉及各种问题的提出和解决。在这个过程中，学生将学会运用所学知识和技能，分析问题、提出解决方案，并进行实践验证。这种解决问题能力的培养将有助于学生在面对实际生活中的挑战时更加从容和自信。

注意事项：1. 明确评价标准。在以互动探究为评价方式时，教师要明确评价标准，让学生清楚地知道自己的表现将如何被评价。评价标准可以包括参与度、合作能力、思维深度、创新能力等方面。2. 关注个体差异。每个学生的学习能力和风格都不同，教师在评价时要关注个体差异，充分考虑学生的特点和进步情况。对于表现优秀的学生要给予适当的鼓励和表扬，对于需要帮助的学生要给予及时的指导和支持。3. 鼓励积极参与。互动探究需要学生积极参与，教师要营造一个积极、开放的学习氛围，鼓励学生勇敢地表达自己的观点和想法。对于学生的错误和不足，要以宽容的态度给予指正和帮助，让学生在学习中感受到成长和进步。4. 结合多种评价方式。互动探究可以作为经典教学评估的一种重要方式，但不能单独使用。教师还可以结合考试、作业、课堂表现等其他评价方式，全面、客观地评价学生的学习成果。

总之，在经典教学评估中，以互动探究为评价方式能够激发学生的学习兴趣，培养合作能力，促进知识的深度理解和解决问题能力的提高。在实施过程中，教师要明确评价标准，关注个体差异，鼓励积极参与，并结合多种评价方式，以确保评价的有效性和公正性。

第三，在经典教学评估中，以达成共识为评价目的

达成共识意味着评估者们（如教师同行、教育管理者、学生等不同主体）对于教学的质量、效果等方面形成相对一致的看法。例如，在对教师的课堂教学进行评估时，不同的听课教师和学生代表通过讨论，就教师教学内容的准确性、教学方法的恰当性等维度形成共同的判断。

1. 保证评估公正性。当不同评估主体达成共识时，教学评估结果更有可能是公正的。例如，在对一门课程的教学评估中，如果仅由一位评估者进行评价，可能会因为其个人偏见（如对某一学科内容的偏好或对某种教学风格的不认同）而导致评价结果失之偏颇。但如果多个评估者（包

括不同学科背景的教师、不同学习能力的学生等）经过充分交流和协商达成共识，就能够综合考虑多种因素，使评价结果更客观公正。

2. 提升评估有效性。共识性的评估结果对于教学改进更具指导意义。以教师教学技能评估为例，如果评估者们能够达成共识，指出教师在课堂互动环节存在不足，那么教师就能够明确具体的问题所在。相比之下，模糊或相互矛盾的评估意见会让教师难以确定教学改进的方向。达成共识的评估结果可以更有效地引导教师调整教学策略，提升教学质量。

3. 促进沟通与合作。在达成共识的过程中，评估者之间需要进行充分的沟通。比如，在学校组织的教学评估会议上，教师之间会分享对教学现象的观察和理解。这不仅有助于评估者们互相学习，还能增进彼此之间的合作。不同学科的教师可以通过交流教学评估经验，了解其他学科的教学要求和优秀教学实践，从而在跨学科教学合作等方面发挥积极作用。

达成共识的方式：1. 小组讨论。评估者们组成小组，就教学评估的各项指标进行讨论。例如，在评估一个教学改革项目时，小组成员可以分别阐述自己对项目目标达成情况、学生参与度、教学资源利用等方面的看法。通过充分交流观点，参考相关的教学标准和理论，逐渐消除分歧，形成共识。2. 参考范例和标准。学校或教育机构通常会制定教学评估的标准和提供优秀教学范例。评估者在进行评价时，以这些标准和范例为参照，使自己的判断更具规范性。比如，在评估教学设计时，参考学校提供的优秀教学设计模板和评价标准，评估者能够更准确地判断被评估教学设计的优势和不足，从而更容易在评估结果上达成共识。

第四，在经典教学评估中，以自我书写为评价依据

自我书写是指教学参与者（教师或学生）以书面的形式对教学过程、学习体验等进行自我描述和评价。例如，教师可以撰写教学反思日志，记录每堂课的教学目标、教学方法、学生反应以及自己在教学过程中的感悟和困惑；学生则可以通过写学习心得、课程评价等方式表达自己对教学的看法和收获。

意义重大：1. 促进自我反思。对于教师而言，自我书写是一种深入的自我反思过程。在撰写教学反思日志时，教师会回顾自己的教学行为，分析教学中的成功之处和不足之处。比如，一位语文教师在反思中可能会意识到自己在讲解某篇课文时，教学方法过于单一，导致学生参与度

不高。通过这样的自我反思，教师能够不断改进自己的教学方法，提高教学质量。对于学生来说，自我书写也有助于他们反思自己的学习过程。学生在写学习心得时，会思考自己在学习中的努力程度、学习方法的有效性以及遇到的困难和解决方法。这种反思可以帮助学生更好地调整学习策略，提高学习效果。

2. 提供个性化评价。自我书写能够提供个性化的评价依据。每个人的教学体验和学习感受都是独特的，通过自我书写，教师和学生可以从自己的角度出发，详细地描述自己在教学和学习中的经历和感受。例如，一个性格内向的学生可能在自我书写中提到自己在小组讨论中不太善于表达自己的观点，但通过倾听其他同学的讨论也收获了很多知识。这样的个性化评价可以为教学评估提供更丰富的信息，有助于全面了解教学的实际效果。

3. 增强参与感和责任感。当教师和学生参与自我书写的过程时，他们会感到自己在教学评估中具有重要的角色和责任。这种参与感可以促使他们更加认真地对待教学和学习，积极主动地改进自己的行为。例如，教师在知道自己的教学反思会作为教学评估的一部分时，会更加用心地思考和总结自己的教学经验；学生在撰写课程评价时，也会更加客观地分析自己的学习体验，为教学改进提供有价值的建议。

注意事项：1. 引导和规范。为了确保自我书写的质量和有效性，需要对教师和学生进行适当的引导和规范。例如，可以提供一些自我书写的模板和问题引导，帮助他们更好地组织自己的思路和表达自己的观点。同时，也要明确自我书写的要求和标准，如字数要求、内容真实性等。

2. 客观与真实。自我书写应该强调客观和真实。教师和学生在进行自我书写时，要避免夸大其词或过于主观的评价。可以鼓励他们结合具体的事例和数据来支持自己的观点，使评价更加客观可信。

3. 反馈与利用。自我书写的结果应该得到及时地反馈和利用。教学管理者可以对教师和学生的自我书写进行认真阅读和分析，提取有价值的信息，并将其反馈给教师和学生。同时，也要将自我书写的结果作为教学评估的重要依据之一，用于教学改进和决策制定。

第五，在经典教学评估中，以成果分享为评价后续

成果分享是指在教学评估完成后，将评估过程中所产生的优秀教学成果、经验教训以及改进建议等在一定范围内进行传播和交流。例如，教师们可以在教研活动中分享

自己在教学评估中被认可的创新教学方法；学校可以通过举办教学成果展示会，让师生共同观摩优秀的教学案例和学生作品。

重要性：1. 促进教学改进。成果分享为教师提供了学习和借鉴的机会。当一位教师在教学评估中取得突出成果，如采用了一种有效的互动教学模式并获得学生的高度评价，通过成果分享，其他教师可以了解到这种教学方法的具体操作和优势，进而在自己的教学中尝试应用。这样可以推动整个教学团队不断改进教学方法，提高教学质量。对于在评估中发现的问题和不足，通过成果分享也可以让更多人共同思考解决方案。例如，若某门课程在评估中发现学生实践能力培养不足，教师们可以在分享交流中探讨如何增加实践教学环节、引入更多实践项目等，从而有针对性地进行教学改进。

2. 激励教师发展。成果分享能够对教师起到激励作用。当教师的教学成果得到认可并在更大范围内传播时，会增强他们的职业成就感和自信心。例如，当一位教师的教学案例被选为学校的优秀教学成果并在全校范围内分享时，这不仅是对该教师教学工作的肯定，也会激励其他教师努力提升自己的教学水平，争取在未来的教学评估中也

第十讲 中华经典教学评价的新思路

能取得优异成绩。

3. 营造良好教学氛围。成果分享有助于营造积极向上的教学氛围。在一个重视教学评估成果分享的环境中，教师们会更加关注教学质量，相互学习、相互促进。学生也能感受到学校对教学的重视，从而更加积极地参与到学习中。例如，学校定期举办教学成果分享会，邀请师生共同参与讨论，这会让整个校园充满浓厚的教学研究氛围，促进教学相长。

实现方式：1. 教研活动。学校可以组织各种形式的教研活动，如教学研讨会、教学观摩课等，让教师们在活动中分享自己的教学评估成果和经验。在教研活动中，教师们可以进行深入的交流和讨论，共同探讨教学中的问题和解决方案。

2. 网络平台。利用学校的内部网络平台或教育资源共享平台，发布教学评估成果和优秀教学案例。教师和学生可以随时随地访问这些平台，学习和借鉴他人的经验。同时，也可以通过平台进行在线交流和讨论，进一步扩大成果分享的范围。

3. 学术会议和培训。鼓励教师参加学术会议和培训活动，在这些活动中分享学校的教学评估成果。通过与其他学校和教育机构的交流，可以了解到不同的教学理念和方法，为学校的教学改革提供新的思路和借鉴。同时，也可以将学校的优秀教学成果推广到更广泛的领域，提高学校的知名度和影响力。

跋
经典教育：一条取经路

当前，我们正致力于推广以传习儒学经典为核心的经典教育，尤其关注它在基础教育阶段的合法性和合理性。儒学经典教育面临多个挑战，包括其定位、内容选择、执行主体、师资培养、教学策略和评估等。这些问题是经典教育实施中必须得到解决的。

首先，需要明确儒学经典教育的必要性，即其独特的教育功能是否无法被其他课程替代。这影响课程内容、教师素质、教学方法和评估。目前，经典教育的目标定位存在分歧，需要达成共识以推进其健康发展。其次，要分析儒学经典教育与其他课程的关系，本人认为应是辐射关系。这两个问题至关重要，希望本书能引起更多关注和研究。

本人对儒学经典课程的兴趣始于1994年，问题意识形成于2000年，实践探索于2009年至2019年，系统研究于2019年至2023年。鉴于人生精力有限，必须有所选择，本人信奉"择一业，终一生"的原则。尽管以传习儒学经典为核心的中华经典教育理论与实践研究之路鲜有人涉足，面临诸多问题，难度巨大，但选择它是因为它是一条通往共生文化传承的道路，一条探究百年未有之大变局的求解之路，一条必须日夜兼程、用脚步来丈量的取经之路。

2025年3月12日